史上最悪の英語政策

ウソだらけの「4技能」看板

阿部公彦

ひつじ書房

はじめに

「大学入試の英語が４技能化」というニュースが流れたのは、二〇一七年の七月のことでした。しかし、世間では大きな反応もなく、せいぜい塾などが「いよいよ４技能、あなたは大丈夫？」といった広告を出したくらいです。

多くの人にとり「４技能」は意味不明でした。というより、意味はわかるけど「だから何？」という反応でした。英語教育にたずさわる人ですら、「何が変わるの？」という反応が大きかったようです。

しかし、変化は確実に訪れつつあります。「４技能」という看板をいわば大義名分にして、大学入試の英語はいまや民営化されようとしています。推進者たちは「いずれは国立大学二次試験の英語を全廃して、すべて業者試験に置きかえよう！」とさえ言っています。その結果、中等教育や高等教育にも大きな影響がおよぶ。

数年後に受験期を迎える家庭は、すでに形のないもやもやした不安に直面しているでしょう。いったい何が起きるのか、よくわからない。いや、実際この政策にかかわった方々も何が起きるのかよくわかっていない。政治家の発言をよくみると、彼らが英語や試験システムについて驚くほど無知であることがわかります。新しく導入するテストなど、見たこともないという人がこの案を前に進めました。ついに日本はここまで来たか、と思います。

他方、この混乱を好都合だと思う人たちもいます。「4技能」が謎であればあるほど、けっこうだと思う方々。しかも、政策を推進する人たちは、不安をあおるかのように間違った情報を流しつづけているのです。

本書の目的は、嘘と矛盾に満ちたこの政策を検証してその中止を訴え、また、その大もとにある古い古い「ぺらぺら英語幻想」がいかに時代遅れであるかを示すことにあります。「4技能？何それ？」と思っている方々には、是非本書をめくっていただき、その実情を理解していただきたい。

政策の管轄は文部科学省です。一般の方の中には、「優秀な官僚が策定した政策だから、間違っていないのだろう。是非、従おう」と考える人もおられるでしょう。私もそう思いたいところです。その一方で、「国はおかしな政策ばかりする。けしからん」と憤る人もいます。

しかし、私はこうした「国」とか「文部科学省」といったとらえ方をいったんやめにしたいと思っています。政策には、政治家にせよ、官僚にせよ、必ず中心的な推進者がいる。また役所の外から呼ばれて仕事をしている人もいる。「国」とか「文部科学省」といった抽象的な主体がいるわけではなく、一人ひとりの人間がことを動かしているのです。いったい誰がどうやって、こういう政策を導入しようとしているのか、そこにはどんな意図や、どんな誤解や、どんな嘘があるのか。そこを見ていきたい。

文部科学省にお勤めの方は、私の知る限り、みなさん志が高く、聡明で信頼できる人ばかりです。残念ながら今回の政策担当者とは面識はありませんが、きっと頭のいい方々でしょうから、理を尽くして説明すれば言いたいことが通じるのではないかと期待しています。

この本の第一の目的は英語政策の批判的な検証ですが、同時に言葉について、また英語という言語についての考察も行います。適切な勉強法の提案や、言語学習との向き合い方について述べている章もあります。そういう意味では、多少なりと英語に関心のある方にも是非読んでいただきたい本なのですが、何より、国の政策を準備する方々には手にとってほしい。誤った政策があれば変更する「力」のある方々が、ここに書かれていることを読んでいったいどうお考えになるか知りたいです。

目次

第5章 「実用英語」は実在するのか――76

第6章 「4技能」看板で英語力が落ちるわけ――92

第1章 検証 大学入試にいったい何が起きようとしているのか？

連呼されるだけの「4」

二〇一七年の七月、メディアに一斉に流れたニュースを覚えている方も多いでしょう。新聞などの見出しにはこんな文句が踊りました。

「センター試験後継テストの英語、完全民間移行は24年度」（『朝日新聞』7月10日）
「２０２０年度から大学入試はこう変わる」（『日本経済新聞』7月10日）
「大学新テスト、実施方針を決定　英語は今年度中に民間試験認定へ」（『産経新聞』7月13日）

「ミサイルが飛んできた」とか「国会議員が賄賂をもらった」といった記事とはちがい、メディアはおおむね「ほお。そうですか」といった姿勢でした。記事本文も「英語はコミュニケーション能力を重視し、「読む・聞く」の２技能だけを測っていた試験を廃止し、４技能を測るため英検やＴＯＥＩＣなどの民間試験を使うことになる」（『朝日新聞』）という程度の書き方です。よく読むと反対意見も出たらしいことはわかるのですが、記事のニュアンスは、「ん〜。何だかよくわかんないけど、ま、いいのかね」というようなもの。「４技能」と言われてもよくわかんないけど、目新しいし、な〜んとなくいいかも、といった気分がメディアを覆っていました。

しかし、実際に入試を受ける受験生やその保護者はたいへんです。よくわからない方法であるほど、不安は増す。その不安を助長するように、塾業界はわざわざ「これから入試が４技能に変わる！　さあ、たいへん。あなたは自分では対策ができません。是非、当塾で対策を！」といった広告を打ち始めました。

では「４技能」とはいったい何なのでしょう。いったい何がよくなるのでしょう。

しかし、残念ながら今回の「４技能」という看板にはほとんど実態がありません。調べれば調べるほど、今回の政策がいかに無根拠に進められているかが明白になります。それどころか、そのほんとうの目的は一部業者のための経済効果にあるようにさえ見える。しかもこの政策のために、肝心の英語力は今よりもっと低下する可能性がきわめて高いのです。

そもそも「４技能」とは英語を「読み、書き、話し、聞く」という能力のことを指します。それぞれの技能に焦点をあてて訓練するという方法ははるか昔から行われてきました。しかし、実際には読むことと書くこと、あるいは読むこととしゃべることとを厳密に区別して訓練してもあまり大きな意味がありません。たとえば単語一つとっても、実際に言葉を使うときには、単語の意味を理解し、口にし、また聞き取れる、ということがあたりまえのように行われています。なので、これまでの英語教育では、４技能という視点は当然のように踏まえつつ、状況に応じて力点を変えながら学習を進めるという方法がとられてきました。センター試験でも、それぞれの技能を組み合わせた問題が出題されています。二〇一七年度の例で言えば、全問題の半分ほどが、いわゆる会話文を素材にしています。「読解ばかり」などという批判は的外れ。「２技能しか測っていない」というのも「ウソ」です。[1]

つまり、ある程度英語教育のことがわかっている人なら、「え？　何でいまさら４技能？」と思うわけです。「どこが新しいの？」「みんなずっとやってきたでしょ？」と考える。

ところが、「４技能」というこの古い用語が、突然、持ち出され何か新しいものであるかのように脚光をあびることになった。二〇一二年から二〇一三年にかけてのことです。ちょうど入試にＴＯＥＦＬの導入を、という提言を経済同友会がして物議を醸したころです。同じ頃、受験業界のタレント講師として知られる安河内(やすこうち)哲也さんは、当時の下村博文文科大臣の命で「有識者会議」のメンバーとなり、「４技能推進」を謳う「実用英語推進機構」の代表理事に就任しました。安河内さんはこのころから「４技能主義の伝道師」として活動することになります。

しかし、著作リストを見ればわかるように、安河内さんがこれまで書かれてきたのは入試の長文読解など受験テクニックを伝授する本ばかり。膨大な著書があるわりに、それまでこの「４技能主義」の推奨をしたこともないし、４技能でしばしば話題になるスピーキング関連の著作も皆無でした。その後の活動を見ても、「４！　４！」と連呼するだけで、彼の言う「４技能」とこれまでの英語学習の何が違うのか、何が新しいのかは見えてきません。ほとんどカルト教団の教えのような意味不明さです。なので、本書では、従来の「4技能主義」とは区別する意味もこめて、ここ最近台頭したこうしたかけ声ばかりの4技能礼賛を「ネオ4技能主義」と呼ぶことにします。

実態のない「ネオ4技能主義」には、どこか得体の知れない軟体動物のようなところがあります。その推進者の一人である松本茂さんの発言がその典型なのですが、都合のいいときは「4技能」を唱え、都合が悪くなると「4技能ではいけない」というように豹変します。支離滅裂なので、いったい何がしたいのか、何を狙っているのか、英語にかかわっている人たちにもよくわからないし、ましてやその外にいる一般の人、受験生やその保護者にはブラックホールのような巨大な虚無にしか見えません。

なんで外部試験？

しかし、ネオ4技能主義には一つだけ明確な目的があります。**大学入試への外部試験の導入です。**毎年五〇万人を超える受験生が受験するセンター試験。これを業者に委託するという。要するに**入試の民営化**です。そこには新しく大きな市場が生まれるでしょう。その経済効果は莫大。**ゆくゆくは国立大学の二次試験を全廃して、すべて民営化しよう！という案も出ています。**しかし、大学教育も大学入試もきわめて公共性の高い事業です。その土台を、得体の知れない「ネオ4技能主義」にまかせていいのでしょうか。

現在出されている案としては、受験機会は複数化されるとのことです。試験を年に何度も受けられるという。業者にとってはこれは間違いなく収入増になりますが、その「増」はいったいどこからくるのか――すべて受験生の家庭からです。これは一種の「英語税」と言えるでしょう。受験生は、複数化により有利になるどころか、不安と強迫観念から何度も受験を重ね、大きな出費を強いられることになります。

ここで生ずる何より大きな問題は、格差の助長です。第4章でも詳しく扱いますが、業者試験はきわめて明瞭にパターン化しているので、受験をすればするほど点数があがると言われています。ということはお金を使えば使うほど、大学入学のために有利な点数がとれる。逆に家計に余裕がない家庭の受験生は、教育を受ける機会も、公平な受験機会も奪われていくのです。業者試験が都市部に偏って実施されていることもすでに指摘されています。

そもそも業者試験というものは英語力向上にとってそれほど役に立つものなのでしょうか?もし多くのネオ4技能主義の方が主張するように「今の英語教育はだめ!」であり、かつ「業者試験導入でみんな英語ができるようになる!」ということなら、なぜ今までそうはなってこなかったのでしょう。業者試験の受験機会は、これまでも高校生、大学生、社会人にひらかれていました。業者試験導入くらいで大きな変化が訪れるというなら、とっくにその変化が起きていておかしくない。

それから、「新しい!新しい!」というわりに、業者試験は英検にしてもTOEICにしてもそれほど革命的な問題が出題されているわけではありません。はっきり言ってセンター試験とたいしてかわらないし、長年かけて洗練されてきたセンター試験の方がよく出来ているところもある。格差助長からはじまって数え切れないほど障害のある外部試験を導入する理屈はまったく見つかりません。

なんで入試にスピーキング？

ただ、そのときにネオ4技能派のひとが高々と掲げる一つの看板がある。それがスピーキング試験の導入です。「英語の入試でスピーキングを設けるのだ！　そうすればみんな英語がぺらぺらになる」。最終的にネオ4技能派の主張はこの一点に集約されることになります。というより、あまりに問題だらけでかつ理屈も立ちにくい外部試験の導入なので、これくらいしかその正当化の根拠がないと言っても過言ではありません。

しかし、スピーキングの試験にも数え切れないほど技術的な問題があります。また、こうした単純なスピーキング礼賛がそもそも英語学習にとってどれだけマイナスになるかといったことについての思慮も不足しています。こうした諸問題について、これから順に考えていきたいと思いますが、とても大事なポイントについてほかならぬ「ネオ4技能主義の伝道師」たる安河内さんが身をもって示してくださっているので、ちょっと見てみましょう。

パソコンやスマホがお手元にある方はYoutubeで「安河内　英語」と入れて検索するか、https://www.youtube.com/watch?v=BtRGuxomXNQと入力するかしてみてください。「安河内哲也先生の〝英語が得意になる3つの教え〟」というタイトルで、安河内さんが一生懸命スピーキングのコツを伝授している映像が出てきます。その中で安河内さんがとくに強調しているのは「間違えてもぜんぜんオッケー！　どんどんしゃべろう」「ジャパニーズ・イングリッシュでいいんだよ。ぼくだってジャパニーズ・イングリッシュさ！」といったことなのです。

さすが長年予備校で講師をしておられるだけあってよくわかっているなあ、と思います。日本人が「英語がしゃべれない」とされるのは、「しゃべれない」のではなくて「しゃべらない」から。つまり、人前で英語を口にすることにものすごく抵抗があるから。それは「恥ずかしい」などという言葉ではとても十分に説明できない、何か文化的な重しのかかったものなのかもしれません。

だから、安河内さんは口をひらかせ、英語を音として出させることに腐心をしておられる。これはすでに「ネオ4技能主義の伝道師」となられた安河内さんが二〇一六年になって出された『ゼロからスタート　英語で話すトレーニングＢＯＯＫ』でも踏襲されている原理です。私もこの点はよくわかります。スピーキングの授業を持つときには、どうやって学生が英語を口にするように仕向けるかにとても苦労します。彼らは英語の知識はそれなりに持っているのだから。いかに口を開かせるか、そこが最大の関門なのです。

しかし、もしスピーキングがテストとして導入されたとしたらどうでしょう。ましてや大学入試。しゃべっている様子が事細かく採点されるわけです。もしそうなったら「どんどん間違えても大丈夫」などとは受験生にはとても思えないでしょう。むしろどんどんこわばってしまう。神経質になる。塾であれこれ先生にアドバイスされたことを必死に思い出しながらしゃべることになる。当然、自然な会話など望むべくもなくなる。

安河内さんはそこをいったいどう考えておられるのか。安河内さん自身、スピーキングテストのための指標としてE-CATというフォーマットづくりにたずさわられたそうですが、このE-CATの採点基準には「間違いが多い」とか「母語からくる不適切なアクセント」といったポイントがしっかり減点対象としてあげられているのです。「間違えても大丈夫！」とか「ジャパニーズイングリッシュでもオッケーよ！」と言っておきながら、しっかり減点するのだとしたら、受験生は大混乱です。

こうした点だけを見ても、スピーキングテストの導入が根本的な問題をかかえていることが明白でしょう。しかし、このスピーキング試験導入という大義名分が崩れると、そもそも「業者試験を導入せねばならない！」という理屈が成り立たなくなります。従来のセンター試験でも十分代替可能だからです。ですから、ネオ4技能主義の方々はここにこだわるわけです。

どうしてもスピーキングを入試でやりたければ、たとえばヘッドホンとマイクをセンター試験で用意するなどの対応は不可能ではないはずです。そのうえで、スピーキングの採点そのものを大幅に簡素化する、といった案も検討されるべきです。ところがはじめから「外部委託」＝「民営化」が既定路線となっている。そこには、この政策を推し進めた、当時の下村博文文科大臣の意向も見え隠れします。有識者会議でも、予備校講師の安河内さんや楽天の三木谷浩史さんが「今すぐ」とか「スピード感をもって」というふうに、不自然なほど決定を急がせようとする。こんな大事な問題を、どうして明確な根拠もないまま言葉の専門家でも教育の専門家でもない一部の方々の意見でごり押しで急いで前に進めなければならないのでしょう。(2)

というわけで、つづくセクションでは、まずこの政策を進めた政治家の方々の発言を検証してみたいと思います。

「中高六年英語やったのにできない」を検証する

今回の改革案をさかのぼると、大学入試の英語をTOEFLで代用しましょう、という数年前の提言に行き当たります。このとき、すでに多くの反対意見が噴出し、たとえば本書の版元のひつじ書房からも大津由紀雄、江利川春雄、斎藤兆史、鳥飼玖美子の四氏による『英語教育、迫り来る破綻』という本が出版されたりしました。そうした反対論の中で、その政策を提言した教育再生実行会議の議長である遠藤利明議員がインタビューにこたえ、その意義を説明しています。これは言ってみれば政府の姿勢を代表するもので、とても重要な発言だと言えます。

中学高校で6年間英語を学んだのに英語が使えない。コミュニケーションできない。それが現状です。これではもったいない。ならば変えましょうということです。（中略）探したら米国にTOEFLというテストがある。聴く・話す・読む・書くを全部測れます。（中略）これを目標にしようというわけです。

私も副大臣や政務次官として国際会議に出ました。公式な会合は通訳がつきますが、大事なのはその前のあいさつから始まって、夜のパーティーとか、みんなでわいわいやっている場での会話です。それが次の会合に生きてくる。でも悔しいことに英語で話せない。中高で6年もやったのに。そんな英語教育を直しましょうよ。

遠藤さんは当時、自民党の教育再生実行本部長。国務大臣（東京オリンピック競技大会・東京パラリンピック競技大会担当）、文部科学副大臣、自民党幹事長代理といった要職も歴任される方です。自民党の文教族としてはそれなりの地位を占める方と言っていいでしょう。

しかし、事が事なので失礼を承知で言わせてもらいますが、これほどひどい内容のことを堂々とインタビューにこたえて発言してしまう大臣級の方がおられるというのはかなり衝撃的です。「探したら米国にＴＯＥＦＬというテストがある」という発言から透けて見えるのは、**遠藤さんがこれまでＴＯＥＦＬなどというテストのことなど見たことも聞いたこともなく、もちろん受験したこともないし、政策として打ち出したあとも、問題すら見ようとしていない**、ということです。

このような方のリーダーシップのもとに国の政策が動いているというのはショックとしか言いようがありません。これは遠藤さん個人の問題というより、自民党が教育政策に対してとっている姿勢のあらわれではないかと思います。自民党にもすぐれた政治家はたくさんおられると信じますが、これはあまりにひどい。

ただ、遠藤さんの発言にあらわれたさまざまな無理解や誤解は――さすがにこれほど正直なレベルで口にされることは少ないとはいえ――これまでの英語教育の迷走ぶりを象徴しているように思いますので、どこがおかしいかをあらためて確認する必要があります。何より、遠藤さんの発言は、この政策を陰で推進しようとしている文部科学省の担当者やその周辺の方々の考えを反映したものでもあるのです。

以下、ポイントとなる箇所をチェックしてみましょう。

遠藤さん発言注目ポイント① 「中高で六年もやったのに……」

この数十年ずっと口にされてきた愚痴で、聞き飽きたという人もいるかもしれません。その誤りはすでにあちこちで指摘されていますが、依然として都合よくこの「愚痴」を利用する人がいます。

青春期の「六年」は長い。たしかに、こういう言い方をすると果てしなく長い期間を英語に費やしたかのように聞こえるでしょう。しかし、遠藤さんに率直に聞きたいと思います。先生は中高六年間のうちのいったい何時間を英語に費やしましたか？　そして、その英語の時間をどんなふうに過ごしましたか？　六年間の日々の大半を英語にあてていたということはないのでは？

おそらくかつての一般的な公立校であれば中高とも英語といえば週に三時間、多くてもせいぜい四〜五時間程度というのが標準的な時間数でしょう。もっと少ないかもしれません。体育でも週に二〜三時間はある。ふたたび遠藤さんに訊きます。遠藤先生は、おそらく中高六年間体育をやられたと思いますが、そのおかげで劇的に運動能力があがったという経験はお持ちですか？　中高六年の体育の授業のおかげで、強健な身体を築かれたという自負をお持ちでしょうか？　そもそも体育は遠藤さんにとってどんな科目だったでしょう。

数学と英語とどっちができる？

もっと露骨な例をあげれば、たとえば数学。六年どころか、小学校の六年をあわせれば合わせて十二年間、私たちは数字にかかわる教科を勉強しますが、ごく簡単な計算や、平面や立体の面積の求め方など基本的な知識以上のことを身に着ける人はそれほど多くはないのではないでしょうか。

しかも、です。上記のインタビューの中で遠藤先生は、中高の六年間をへてもなお、「パーティでわいわい英語がしゃべれない」と文句を言っておられますが、遠藤先生とちがい、中高六年間の英語の授業だけで、十分「パーティでわいわい」やれるようになる人もたくさんいるということを忘れないでほしいです。そういう「パーティわいわいわい派」の数は、高校卒業後に数学を専門的なレベルで身に着けていく人と比べて果たして少ないでしょうか。より端的にいえば、遠藤先生より数学ができる人と、遠藤先生より英語ができる人ではどちらの数が多いか、ということです。

私は何も遠藤先生の学力を問題にしようというのではありません。あくまで一般論として、数学を十二年間やった成果とくらべて、英語を六年間やった成果が低いといえるのか。おそらくそうは言えないのではないか、というのが私の意見です。

ここには大きな「ウソ」が見えてきます。「中高六年やったのに」と英語の授業を批判するのはそもそも筋違いではないでしょうか。六年、六年と騒ぐけれど、しょせん週三～五時間程度です。しかも夏休みも春休みもある。ある研究では、これは一年間のうち五・八日間だけ英語と接したという計算になるそうです[3]。なるほど。**わたしたちの英語力は、分相応だと言えるのです。**

むしろおもしろいのは、「算数数学を十二年間やったのに、たいして数学ができるようにならない」と文句を言う人がいない一方、英語についてはこうしたおかしなレトリックで教育制度が批判される、ということです。いったいなぜでしょう。

日本語ならできる？

英語とより近い国語とくらべると、より根本的な問題が浮かび上がります。外国語＝英語も日本語も、言語運用能力とかかわる科目です。日本に住んでいる私たちは、日々、朝から晩まで日本語に接しています。テレビをつければ日本語。ネットをひらけば日本語。家族とかわす会話も友人との電話も日本語。学校の授業も日本語だし、授業では国語の時間まである。私たちが一週間に日本語と接する時間は起きている時間のほとんどです。時間数に換算するといったいどれくらいになるでしょう。百時間とまではいかなくとも、一週間で七〇〜八〇時間は確実ではないでしょうか。一年でたった五・八日間の英語とは雲泥の差です。

しかし、日本語の運用にほんとうに自信があるという人はどれくらいいるでしょう。たとえば、就職面接では、面接官の前でどういった言い回しを使うべきか必死におぼえていくというのは常識。ふだん使ったことがないような「御社」などという言葉を、いかにも不器用に使う。作文となればもっとたいへんです。新聞記者や小説家など、文章のプロといわれる方々でも、原稿を書くのに四苦八苦します。ましてや文章を専門としない職業の人であれば、一生かかっても「書くのが楽」という境地には達しません。

つまり、言葉の運用というのはそれだけ困難を伴うものなのです。労力と時間を費やさなければ成果はあがらない。ほとんどの人にとって、もともとのスタート地点がゼロである英語が、たった週三～五時間の学習でどうしてできるようになるのでしょう。ところが、数学ができないことには文句を言わない人も、**言葉なら何とかなると誤解している。**こうした傾向は、日頃、言葉の根本的な難しさに向き合っていない人ほど強いようです。だから政治家も平気でウソをつく。

注

(1)二〇一七年度のセンター試験では、6つある大問のうち、第2、3、5問で会話文が素材として使われており、かつ第1問も発音の問題ですから、偏っているとするなら、むしろオーラル・コミュニケーションへの傾斜が強いと言うべきでしょう。

(2)たとえば第7回の有識者会議では安河内さんの次のような発言がありました。
ここからは、事務局の皆さんへのお願いなのですが、この前の小委員会でも「スピード感」という言葉があったと思うのですね。このスピード感、意外なことに大学側がスピード感を持ってこのように動かれている。一方で、4技能試験、検定試験協議会ですね、これの設置が、もしも遅れてしまうと、適切な試験に対する信頼性、国際通用性、様々な評価が大学の方にフィードできないまま、大学側が使用する試験や、使用する試験のレベルであるとか、あとは得点設定が定まらないまま、いろいろな方向に暴走してしまうということにもなりかねないと思いますので、事務局の皆さんに、４技能試験協議会、検定試験協議会の設置を急いでいただき、それぞれの試験の審査を早速開始していただきたい。そして、大学側に適切な情報をフィードしていただきたい。「急いで」というのが、まず一つのお願いです。

（３）金谷憲『英語教育熱――過熱心理を常識で冷ます』（一三）参照

第2章
英語がしゃべれないのはなぜ？

なぜ日本人だけ英語ができない？

こういうふうに話を進めてくると、「じゃ、わたしたちは永遠に英語ができるようにならないの？」という問いがかえってくるかもしれません。もっともな問いです。さらに「でもさあ、××さんとか××さんは英語ができるし。ああいうふうになりたい」とか「シンガポール人は、けっこう日本人みたいな顔をしているけど、英語はできるよ」といった声も聞こえてきます。

しかし、一見まっとうに聞こえるこの問いには、実はすでに多くの誤りが含まれています。次にその話をしましょう。

遠藤さん発言注目ポイント②　**「英語が使えない。コミュニケーションができない」**

これを読んで、中には「うん、たしかに。使えない」とおっしゃる方もおられるかもしれません。これに対して、私はいくつかのことを言いたい。

一つめは、身も蓋もないことです。「英語ができるようにならない」とか「英語が使えない」とか言うけれど、**それをするのはいったい誰なのか？**ということ。「英語ができるようになる」というと、まるで木にドングリがなるように、ぷかぷか空中に英語の実がなるような錯覚を覚えます。

「英語ができるようになる」もしくは「ならない」、その主体は他でもないあなた、です。遠藤先生に訊きたい。遠藤先生、あなたはパーティに行って英語でわいわいしゃべれないと不満をおっしゃるが、あなた自身はいったいどれだけ努力をしたのでしょう？　パーティの前に多少なりと英語でやり取りをするための準備をしたのでしょうか？　誰もあなたのかわりに英語の勉強をしてくれるわけではありません。どんなにシステムを変えても、あなたが時間を使い、労力をかけなければ、あなたはぜったい英語ができるようにはなりません。TOEFLを入試に導入しようとして動いたあなたが、その政策を示したあともTOEFLの問題を見ようとすらしなかった。これはいったい何を意味するのでしょう？

TOEFLを導入しようが、英検を入試に使おうが、今のようにすべてを入試制度や授業のせいにしている遠藤さん、あなたは永遠に「パーティでわいわい」などできるようにはならないでしょう。

遠藤先生をやり玉にあげてしまって申し訳ないのですが、これは遠藤先生の言いぶりに間違えて納得してしまったほとんどの方にあてはまることです。また遠藤先生にこのような発言をさせてしまった政策立案者や、ネオ４技能主義の看板に惹きつけられてしまった人にもあてはまります。

「ある日突然」型の英語学習

「英語が使えない」問題について、もう少し具体的に説明しましょう。私にはある像が思い浮かびます。ちょうど遠藤先生がパーティ会場でそうであったように、こういう人はある日突然、「英語ができないオレ」を見いだすのです。そこから慌て、狼狽し、不安になり、また怒ったりいらいらしたりする。英文を読んで意味がわからないといった場合とちがい、人前でうまくしゃべれないときのバツの悪さは心理的にもはるかに被害甚大です。しかし、この「ある日突然」が示すように、「英語ができないオレ」を発見する人は、そもそもふだんから英語のことなど考えていないのです。英語とは縁がない。準備も努力もしたことがない。ところが、そういう人にかぎって「さあ、俺が英語できるようにしてくれ」とふんぞりかえる。そしてうまくいかないと、誰かのせいにしようとする。

私がイギリスに留学しているときにもそういう方がときどきおられました。イギリスでは会社から派遣された方や、大学から研究のために来ている先生などいろいろな方とお話をする機会がありましたが、中でも数が多かったのが官庁からの派遣組です。官庁の派遣の基準をパスするぐらいなので、英語の運用にはかなり自信を持っている人もおられた。ただ、ある省から来ていた官僚の方は、「俺が英語ができないのは中高の教育が悪いせいだ。大学の授業なんてひどかった」といつも言っておられました。それで「大学ではどんな授業だったのですか?」と訊くと、「あまりにつまらなかったから、ほとんどさぼってやった。でも単位だけはしっかりとった」と自慢げにおっしゃる。

まあ、こんな感じです。つまり、努力をしていない、時間を費やしていないと威張る人に限って、制度のせいにする。英語の点数は努力に比例すると言われています。受験科目で英語が必須になっている大学が多いのもそのためです。もちろん努力の仕方にはいろいろな方法があるし、上達の速度には個人差があるでしょう。しかし、間違いなく言えるのは、何もしないでいながら、ドングリがなるみたいに「英語の実」がなることはないということです。

こんなことは、ある程度見識のある方なら、わざわざ言われなくてもわかることでしょう。国務大臣まで務めることになる遠藤先生に、「遠藤さん、あなたが英語ができないとしたら、それは英語の授業のせいでもなければ大学入試でＴＯＥＦＬが使われなかったせいでもない、あなたご自身の英語の勉強が足りなかったからではないですか？」とやや失礼な問いを投げかけざるを得ないのは残念ですが、それだけこの問題は根が深いということです。

今のポイントは、多くの人にとってはことさら繰り返す必要のない当たり前のことでしょう。これに対し、次にあげるのは少し違った問題です。「英語ができない」という断定調の発言にはより大きな誤りが含まれているのです。これは今回の英語政策のより大きな問題点である、ネオ４技能看板ともかかわってきます。

「英語がしゃべれない」の裏にあるもの

遠藤さんにも、当時の文部科学大臣だった下村博文さんにも当てはまることなのですが、私が一番疑問に思うのは、**「英語ができない」という問題をすぐ「英語がしゃべれない」という話にすり替えたがることです。** ほんとうに私たち日本人はスピーキングの能力だけが欠如しているのでしょうか。そもそも「英語がしゃべれる」という能力を、それだけ別に抽出することなどできるのでしょうか。

ところが下村博文さんは得意げに次のようなエピソードを紹介しています。

国際数学オリンピックでメダルをとった高校生の表敬訪問を受けた際、こんな話を聞きました。ほかの国の生徒は英語圏でなくてもふつうに話していたのに、自分たちは英語を話せなくて恥ずかしい思いをした。もう一つは、ほかの国の生徒からフレンドリーに話しかけられたが、自分たちはそういうことができなかった。もっとコミュニケーション能力を磨きたい、と。私は彼らに「申し訳ない。それは国の教育の責任だ。必ず変える」と言いました。
（下村博文・篠原文也『なぜ主権者教育が必要なのか』二五）

相も変わらず繰り返される「日本人は英語がしゃべれない」神話の一端です。「コミュニケーション」の問題は明治の開国以来、何度も話題になっており、英国に留学した漱石の日記にも出てきます。それが一九七〇年代になると、あとでも触れるように「英語教育大論争」という大きな論争も引き起こす。そして、ご存じのように一九八九年には学校英語が完全にコミュニケーションに舵を切ることになった。だから、この二〇～三〇年はずっと学校英語は「しゃべる」ための英語をやってきたはずなのです。にもかかわらず、なぜ「しゃべれない」のでしょう。もしいまだに「しゃべれない」のだとしたら、どこか別のところに問題があるか、あるいは**「しゃべれない」とか「しゃべることだけが苦手」という問題の立て方そのものが根本的におかしいのかもしれない、**と考えるべきではないでしょうか。

ほんとうの病巣はどこ？

この二〇～三〇年の文部科学省の英語政策の失敗を踏まえてまず疑わなければならないのは、私たちが「英語がしゃべれない！」と感じているのはほんとうにスピーキングの問題なのか、ということです。そうすると、「しゃべれない」→「英語をしゃべる練習をすればいい！」という理屈も疑わなくてはならなくなります。もし、そんな単純な理屈で実際に「英語がしゃべれる」ようになるなら、明治以来百年以上、日本人はこんなに英会話コンプレックスに悩まされることはなかったでしょう。

比喩で説明しましょう。

ある日、あなたはお腹が痛くなったとします。みぞおちのあたりがきりきりと痛い。う～ん、とあなたは思う。「胃が痛いのかな？」「悪いもの食べたかな？」

おっしゃる通り。お腹が痛ければ、まずは「お腹」が悪いと考えるのは人情です。そして胃腸薬を飲む。あるいはお腹を揉んでみるかもしれない。しかし、ぜんぜんよくならない。よくならないどころか、痛みはどんどん増してくる。「どうしよう！」と思う。あなたはパニックになる。

上の「英語がしゃべれない！」「世間話ができない！」はまさにこれと同じです。「しゃべれない」なら「しゃべる練習をすればいい」と思う人は多いでしょう。しかし、残念ながら、ことはそう単純ではありません。いくら英語をしゃべる練習をしても、思うように「英語がしゃべれる」状態には到達しないのです。あなたはますますパニックに陥るでしょう。

ためしにGoogleで「みぞおちが痛い」とか「お腹が痛い　原因」と検索してみてください。それはそれはさまざまな原因がならんでいます。もちろん原因は胃かもしれない。でも、心臓の可能性もある。筋肉痛かもしれない。横隔膜が関係していることだってありうる。腰痛とか頭痛となったら、もっとたいへんです。腰であれば、骨や筋肉の異常以外に、肝臓や腎臓の異常、神経の問題。頭痛であれば脳腫瘍などの恐ろしい病気からはじまって、精神的なもの、疲労、水分不足、熱中症など、ありとあらゆる可能性がある。そして、ネット上のサイトに必ず添えられているのは「裏に悪い病気が隠れている可能性があるので、病院で検査してみましょう」という一言です。

「英語がしゃべれない！」の原因にも、さまざまなものがあります。結果的に「英語がしゃべれない」と感じたとしても、その裏にあるのは結果だけ見てもわからない原因です。その原因を突き止めて「治療」するための方法を、日本人は明治以来、百年かけて洗練させてきたのです。

ところがネオ４技能主義の人たちは、おそろしく短絡的に「しゃべれないなら、とにかくたくさんしゃべればいい」「しゃべることをテストすれば、しゃべれるようになる」と単純な主張を繰り返す。これは「お腹が痛い」という人に、「とにかく胃腸薬で何とかしろ」と大量の胃腸薬を飲ませる治療法と同じです。そうしたとき、「あれ、これって胃腸薬会社のための宣伝？」と思ったりもする。ある程度、英語教育にかかわった人なら、表面的にしゃべる練習などしても、結局は「英語がしゃべれない！」という状況が改善されないことはよくわかっているのです。つまり、「お腹痛いなら、とにかく胃腸薬」などという治療がウソだとわかっている。にもかかわらず、そんな表面的な方策を掲げるのは、裏に何かある、ということです。

スピーキングこそが英語？

すでに触れたように、英語力を聞く・話す・読む・書くという四つの技能にわけて学習方法を検討するという考え方は昔からあります。それをさも目新しいものであるかのようにことさら宣伝するのはなぜか。それはこうした新しくもないネオ４技能看板を掲げることで、「話す」というファクターにあらためて注目を集めるためです。つまり、ネオ４技能主義の人のほんとうの目的は、四つの技能どころか、「話す」という一つの技能に英語学習を特化させることなのです。実際、４技能と言っても、「スピーキングのテストも入れる」という部分以外は、とくに新しいところはないのです。

その効果は如実に表れました。政府の発表に合わせたかのように、さっそく「これからは４技能！」「対策なしで受験して大丈夫？」と不安を煽るような宣伝文句つきの広告がネット上にもあふれている。この宣伝をご覧になって、みなさんはどんな印象を受けるでしょう。おそらく、広告主の狙いどおり「や、それはまずい。今までそこは盲点だったかもしれない…」とつぶやく人が多いでしょう。

そうなのです。「あなた英語しゃべれますか?」と聞かれて、「もちろんさ。オッケーよ」と答えられる人は少ない。私だってそうです。まあ、自分で言うのも何ですが、客観的に言って私は職業柄、口頭での英語のやり取りでそれほど苦労することはありません。しかし、「あなた、しゃべれますか?」と訊かれたら、「もちろんさ。オッケー」とはなかなか言いにくい。「まあ、何とか」くらいに答えるでしょう。

なぜ私は謙遜してしまうのでしょう。「とりあえず、オッケーよ」くらい言ってもいいのに、なぜ私は「まあ、何とか」というような答えをしてしまうのか。私が謙虚な人柄だからでしょうか。その一つの理由は、「英語をしゃべる」という行為にいわゆる「技術」や「学力」以外の、さまざまなファクターがからんでくるからです。

スキーの例と比べてみるとわかりやすいです。スキーの技能はきわめて明瞭にわけられます。初級、中級、上級の線引きはとても簡単。ボーゲンだけなら初級、パラレルができれば中級、こぶのある斜面をすべりおりられるようになれば上級。「まあ、何とか」なんていう曖昧な答えの入る余地はありません。しかし、「英語をしゃべる」ということになると、そうはいかない。私たちは誰もが英語について何らかのコンプレックスを抱えている。

たとえば私も、いきなり会計学の会議に出たら、何が話題になっているかよくわからないかもしれないし、ましてや自分で発言などできない。イギリスに住んでいたときも、ちょっと北の方にいくと方言がきつくて、相手が何を言ってるのかわからないからうまくやり取りができないことがありました。若い学生たちのパブでの飲み会に顔を出したときなど、音ははっきり聞こえているのに、若者言葉が理解できず、なかなか会話の輪に入れないということもあった。

もちろん、こうしたコンプレックスが勉強欲に結びつけばいいのですが、多くの場合、それは単に消極性や忌避感に結びついて「英語、やだな」という気分を引き起こすだけです。こうしたコンプレックスは無駄なものと言っていいでしょう。にもかかわらず、今回の政策は、**「英語がしゃべれないのは、英語ができないということ」という固定観念を流布し、「英語しゃべれない」恐怖症を蔓延させようとしている。**そのことで、一種の英語ヒステリー状態を生み出そうとしているわけです。

これで得するのはいったい誰か、ということは想像がつきます。胃腸薬会社が儲かる仕組みなのです。ちなみに下村博文さんは、今回の政策について、インタビューの際に次のようなコメントをしています。

> 中途半端に瓦解しないかが心配。文科省内だけでなく、外部の有識者が引き続き検討状況を見て助言できる仕組みを設ける必要がある。
>
> （『朝日新聞』二〇一六年四月八日）

なるほど「有識者」なら中立的かつ専門家的な立場から物事を冷静に決められるかもしれない。

だから最終的には、この「有識者」の方々を集めた「有識者会議」なる組織が、今回の政策を進める形になったわけですが、しかし、驚くべきことにこの「有識者会議」のもとにつくられた会議には〝胃腸薬会社〟の人がたくさん混じっているのです。つまり、「英会話」に注目が集まると都合がいいと思う人たちが、ネオ4技能主義の看板を使って「英会話中心主義」を推し進めているということです。詳しくは次の第3章で述べましょう。

安倍昭恵さんの「英語しゃべれない事件」

そもそも「英語がしゃべれない」＝「英語をしゃべる練習だけすればいい」という固定観念には多くの誤解が含まれています。この誤解を解いておかないと、現実の英語運用能力がむしろ落ちていくことにもなります。この政策の推進にあたって力をもった下村さんもそれぐらいのことはわかっていたのではないかと推察します。そのうえでこうした政策を推進するのだから、かなり悪質だなあというのが私の偽らざる感想です。

なぜ「英語がしゃべれない」＝「英語をしゃべる練習だけすればいい」だとおかしなことになるのか。

これは実際にあった例で説明しましょう。二〇一七年にアメリカではトランプ政権が誕生しました。トランプ氏は通常の人なら言わないような失礼なことを平気で口にすることでよく知られています。そうした発言の一つに「安倍昭恵さんは英語ができない」というコメントがありました。安倍首相の来訪を受けたトランプ氏は夫妻を晩餐会に招きます。昭恵夫人はどうやらトランプ氏の隣りに座って食事をされたようです。ところがトランプ氏がこのあと、「昭恵夫人はまったく英語をしゃべらなかった。ハローの一言も言えなかった」と馬鹿にしたように言ったのです。

アメリカのメディアはこぞって「またトランプ氏が失礼なことを言ってしまった。困ったものだ」という反応をしました。ところが、日本のメディアはかなり対照的な反応を示しました。「え？　まじ？　昭恵夫人、そんなに英語できないの？？」というような論調だったのです。しかも、中には昭恵夫人を擁護するためなのか、彼女がかつて行った英語スピーチの動画まで公開した人もいたようです。

果たして昭恵夫人が「ハローさえ言えなかった」のかどうか、私は判断する立場にはありません。なぜ英語で立派なスピーチができる人が「ハロー」さえ言えなかったのか、そんなことがほんとうにありうるのか。ともかく今、私が強調しておきたいのは、この報道を見ると、日本人の「英語がしゃべれないコンプレックス」が異様に強いのがわかるということです。

遠藤さんのパーティ、安倍昭恵さんの晩餐会、下村さんの数学オリンピック。いずれにも共通しているのは、**インフォーマルな場での会話**が念頭にあるということです。そこにあるのは、「英語でわいわいやれない」（遠藤さんのフレーズを借用しました！）＝「英語がしゃべれない」＝「英語をしゃべる練習が足りない」という論理です。しかし、「英語でわいわいやれない」のは、安倍昭恵さんの例にも如実にあらわれているように、さまざまな要因がからんでいます。「お腹が痛いなら、胃腸薬」というとんでもない治療法では命取りにさえなりかねません。

私たちはなぜ英語がしゃべれないのか

では、本当の原因は何だったのでしょう。

昭恵さんがトランプさんとうまく会話を持てなかったとしたら、そこにからんでいるのは、以下の三つの要素ではないかと私は思います。

(1) リスニング能力の欠如

うまくしゃべれないと言っている人の大半は——そして遠藤さんや下村さんのサンプルの場合もそうだと思いますが——まずは相手の言っていることがわかっていない。これは英語圏に行って、会話で苦労したことのある人なら実感としてわかっているでしょう。

当然といえば当然のことです。しゃべるためには、まず相手の話を聴き取れなければならない。日本語の会話のことを考えれば、これは簡単に理解できます。ネオ4技能主義の伝道師たる安河内さんは、「しゃべるためには受信型から発信型」などということをおっしゃっていますが、会話は一方的な発声ではありません。相手と共通の空気を呼吸し、話題を共有し、相手の意見に耳を傾けたり、同意したり、意見を言ったりしながら、共通の「議論の場」に乗る、それが会話というものです。4技能主義をとなえ「パーティわいわい」や「おしゃべり会話」を推進する人の中には、決まり文句の暗唱にこだわる人もいるようですが、どこかでおぼえてきたフレーズを連呼して会話になると思ったら大間違いです。

そういう意味では、昭恵夫人のふだんの英語スピーチが流麗であればあるほど、インフォーマルな場で会話を持つことの難しさが際立ってくるとも言えるわけです。**いくらあらかじめ用意した英語を口にすることができたとしても、じっさいの会話に参加するのは簡単ではない。**議論の場が動いていい、いい、る状況では、そうした決まり文句型の準備は役にたたないのです。

(2) 関心の欠如

他にも要因はあります。

これは別に昭恵夫人だけの問題ではなく、トランプさんと昭恵さんの双方の責任だと思うのですが、二人の間で会話が成立するためには、お互いが相手に**関心を持つ**必要があります。このあたりは、今、言語学者が盛んに研究している領域ですが、円滑に会話を進めるためには、お互いが相手に対して「友好的な態度」を示す必要がある。この段階をへて、はじめてじっさいのやり取りがはじまるのです。その「友好的な態度」を示すのにもっとも有効だと言われているのは――一見単純な話ですが――相手に対する「問いかけ」です。

たしかに、お見合いの場で話の糸口になるのは、たいてい「ご趣味は?」といった問いです。「動物は好きですか?」「好きな食べ物は何ですか?」といった問いをならべていくうちに自然と会話がはじまっていく。これは相手に問いかけるという行為が、「あなたに対し私は関心を持っているのですよ」というシグナルを出すことにつながるからです。それが「友好的な態度」をほのめかす。そして、これに誘発される形で、こちらもより友好的な態度を自然と持つようになる。このあたりはギブ・アンド・テイクです。

それはそうですね。自分にまったく関心を持たない相手と面と向かっていて、気持ちは冷めてくるばかり。問いかけをしようとも思わないし、しゃべろうとも思わない。ともかく目の前にある料理を片付けようという気になってしまうでしょう。

トランプさんと昭恵さんの間に起きていたのもこれではないかと私は推察しています。二人ともお互いに関心がなかった。だから、会話を持つとっかかりが生まれなかった。

(3) 知識の欠如

関心というものは、実は持てと言われて持てるものではありません。「おもしろい!」とか「へえ~」という気持ちはあくまで反応です。無理してかき立てられるものではない。ただ、関心を持つためには必ずしも相手を「好き」になる必要はありません。そんなに博愛的な人はいません。まったくニュートラルでかまわない。いや、場合によっては嫌いだっていい。嫌いまではいかなくとも、たとえば意見が異なるというケースもあるでしょう。それでも「関心」は持てるし、そこから会話の糸口はつかめる。そして言葉をかわしているうちに、何か新しい発見があって誤解がとけるということもあるでしょう。

関心を持つために「愛」はいらないということです。しかし、必ずと言っていいほど必要なものがある。知識です。相手について、最低限の情報を持たなければ、質問さえ思いつかない。昭恵さんやトランプさん、遠藤さんのわいわいパーティ、下村さんの数学オリンピックなどの例から透けて見えるのはこの点です。

これらの方々はほんとうに相手について知ろうとしていたのでしょうか。遠藤さんがパーティで「わいわい」できないと言っていますが、少しは相手について下調べをしたり、情報を集めたりしたのでしょうか。インタビューでの口ぶりからして、インフォーマルな場であれば、知らなくても「英語がしゃべれさえすればなんとかなるのに！」と信じていたふしがあります。

日本語ならそれでも何とかなったかもしれません。それは必ずしも遠藤さんの日本語能力が高いということではありません。日本語の話者同士というものは、自ずと文化を共有している。同じものを食べたり、同じ場所に行ったことがあったりする。同じ空気を呼吸しているから、自然と会話に入っていきやすい。しかし、異なる文化圏に属する人同士が会話を持つためには、まずは共通の土台を築く必要がある。そのためには、どんなことでもいい、相手にかかわることを知っておけば助けになる。

抽象的な「英語をしゃべる能力」などを目標にしても、実際には何もできるようにはならないということです。そう考えてくると「わいわい英語ができない」＝「英語がしゃべれない」＝「英語ができない」という理屈が、いかにおかしなものであるかが見えてくると思います。

パーティでわいわいやっている現場で、うまく輪に入ってしゃべりたければ、まずは英語に関する知識をしっかり身につけ、どんな内容が出てきてもある程度柔軟に対応できるようにしておく必要がある。つまり、単なる「おしゃべり」の練習だけでは、とても対応できないのです。

ということは逆にいえば、そんなに難しいインフォーマルな会話がうまくできなかったとしても、「英語ができない」ということの証拠にはならないということです。**インフォーマルな会話ほど難易度の高いものはない。**ところが現状行われているのは、「その程度のことができないのは、英語教育がいけないせいだ！」と今の教育を全否定するかのような議論です。そして、そこから強引に「だから入学試験を変えよう」などという話に持って行く。まったく珍妙なレトリックだと言うほかありません。なぜこんな政策を強引に進めようとするのか？　それで得をするのは誰か？多くの人が持っているコンプレックスを上手に刺激しているだけに、これは実に巧妙で悪質なやり方だと言えるでしょう。

もし遠藤議員や数学オリンピックの選手がうまく英語でやり取りができなかったとしたら、ほんとうに足りなかったのは何なのでしょう。足りないのは、英語以前、もしくは英語以上と言ってもいい何か。遠藤さんが使っている意味での「コミュニケーション」とはまったく違う、もっと複雑な能力ではないでしょうか。人と人とがかかわるときに必要とされる感性。遠藤さんの最大の間違いは——そして下村さんの「ウソ」は——異なる文化圏から来た人とまじわるときに必要なそういう能力を、「英語がしゃべれる」などという技術として単純化している点にあります。

第3章 誰のための政策なのか？

あまりにも露骨な誘導……

第1章でも触れましたが、今回の政策を決めたのは「英語教育の在り方に関する有識者会議」ということになっています。ところが、そのもとに外部試験の導入を検討するためのある協議会がつくられました（正式には「平成27年度　英語力評価及び入学者選抜における英語の資格・検定試験の活用促進に関する連絡協議会」）。これに対し複数の委員から懸念が表明されました。外部試験を運営する利害関係者がこの「協議会」のメンバーに入るのは問題だ、とされたのです。次の一覧に網掛けで示します。たしかにずらりと「関係者」の名前がならんでいます。

入試に外部試験を導入するべきかどうかを話し合う会議で、外部試験業者の方々がこの案を推進するのはあたりまえではないでしょうか。しかも、この政策に反対意見を唱える人はたくさんいるのに、そういう人はほとんどすべて会議から排除されている。

そんな中で、この政策の矛盾や問題点を指摘し続けた一人が、有識者会議メンバーの大津由紀

青山智恵	ケンブリッジ大学英語検定機構日本支部長
石田毅	サレジオ工業高等専門学校一般教育科長
石橋敬太郎	岩手県立大学盛岡短期大学部国際文化学科長
梅澤直臣	株式会社グローバル・コミュニケーション＆テスティング取締役
大津起夫	独立行政法人大学入試センター研究開発部長
大塚雄作	独立行政法人大学入試センター試験・研究副統括官
沖清豪	早稲田大学文学学術院教授、一般社団法人日本私立大学連盟教育研究委員会委員
小田切陽一	公立大学法人山梨県立大学理事
川嶋太津夫	国立大学法人大阪大学未来戦略機構教授、一般社団法人国立大学協会入試委員会専門委員
日下部治	独立行政法人国立高等専門学校機構茨城工業高等専門学校校長
黒岩裕	青山学院女子短期大学現代教養学科教授・国際専攻主任
小林真記	神田外語大学外国語学部英米語学科准教授
込山智之	株式会社ベネッセコーポレーション高校事業部 GTEC 事業推進課長
佐々木正文	東京都立町田高等学校校長、全国高等学校長協会監事
竹内理	関西大学外国語学部教授・学部長
仲村圭太	公益財団法人日本英語検定協会制作部研究開発課主任
永井誠	公立大学法人首都大学東京東京都立産業技術高等専門学校教授
根岸雅史	国立大学法人東京外国語大学大学院総合国際学研究院教授
根本斉	国際教育交換協議会（CIEE）日本代表部 TOEFL 事業部長
浜野能男	普連土学園中学校・高等学校校長
福井正仁	港区立青山中学校校長、全日本中学校長会教育研究部副部長
松本茂	立教大学グローバル教育センター長
三橋峰夫	一般財団法人国際ビジネスコミュニケーション協会（IIBC）R&D 主席研究員
森博英	日本大学経済学部教授
安河内哲也	一般財団法人実用英語推進機構代表理事
吉田研作	上智大学言語教育研究センター教授

平成27年度　英語力評価及び入学者選抜における英語の資格・検定試験の
活用促進に関する連絡協議会

雄さん（明海大学）でした。しかし、議事録で確認すると、大津さんの発言はことごとく圧殺されつづけたようです。最後の第九回の議事録を見ると、全体の経緯がある程度見えてくるでしょう。

【大津委員】これは要望なのですが、最後の行で、それが我が国では学習到達目標として用いられているという指摘があったということが書いてあります。主に言ったのは私だと思うのですが、誤解があるといけないので、「我が国では、実質的な議論なしで」という趣旨のことを加えていただけたらいいかと思います。ＣＥＦＲに書かれている内容とか方法を日本の英語教育に生かすということがいけないというふうに言っているのではなくて、そのまま何の議論もなしに直輸入するというのがよろしくないというのが私の主張ですので、それがわかるように加えていただけたらとてもうれしいのですが、いかがでしょうか。

【吉田座長】榎本さん、いかがですか。

【榎本課長】先生の御指摘に関しましては、議事録において記録に残しておいてはどうかと考えております。

【吉田座長】内容的には多分、今大津さんがおっしゃった内容だと思います。

【大津委員】議事録に今の座長の言葉が残れば、それで私としては十分です。

【吉田座長】はい。

【大津委員】今度は９ページに行きますが、左の段の下の方で、協議会うんぬんの話がありま す。最後の段落で、「そのため、大学、高等学校及び中学校の学校関係団体、テスト理論等の専門家、資格・検定試験の関係団体等からなる協議会が設けられ」という部分で、まず、前回ですか、前々回ですか、申し上げたように、資格・検定試験の関係団体等が、この協議会に入るということについては、私はとても強い違和感を抱きます。ただ、ここではそのような強い違和感を抱くということだけを指摘しておきます。

（「英語教育の在り方に関する有識者会議　第九回議事録」より）

利害がからむ団体の人が協議会に入っているのはおかしいのでは？　という至極真っ当な大津さんの疑念も、どうやら周囲の圧力でつぶされたらしい。そんな経緯がよくわかる一幕です。こうしたやり取りを何とか議事録に残してくださっただけでも大津さんは立派だと思うと同時に、いかにこの「有識者会議」なるものがおかしなものだったかも世間に伝わるかと思います。

ともかく大津さんの疑義にもかかわらず、その意見が決定に反映されることはありませんでした。日本学術会議、国立大学協会などいくつもの団体から懸念が表明され、有識者会議でも議論が尽くされていないにもかかわらず、強引に事は前に進められつつあります。

このあたりの構図はあまりに露骨なので驚くほかありません。先ほども述べたように、どうしてもスピーキングを試験に取り入れるというなら、センター試験で録音方式を採用し、そのかわり採点は合否程度のごくゆるやかなものにする、あるいはそもそも採点対象にはしない、といった選択肢が十分に考えられます。そもそも外部試験は、あくまでセンター試験が技術的な対応をするまでの「つなぎ」として想定されていたはずです。ところが、有識者会議では安河内哲也さんや三木谷浩史さんを中心にする形で、「できるだけ速やかに」（第八回有識者会議）と、かなり強引に「英語入試の民営化」「センター試験の廃止」が既成事実化されます。

三木谷さんは、当時の文科大臣の下村さんとの密な関係や英語教育へのかかわりについて『週刊文春』の取材を受けた際、「僕は下村大臣の英語教育の改革は推していますが、僕らは国のために善意でやっているだけであって、文科省との癒着を疑われるような利害関係は今も、今後も一切ない。そこには一点の曇りもありません。（英語教育の推進で）楽天のビジネスには何の利益もないんですから」とおっしゃっています（二〇一五年四月二日号、二九）。日本を代表する企業の社長の発言ですから、この「善意」という言葉は重い。是非、信じたい。まさか「癒着」などないと考えたい。ただ、楽天は二〇一七年四月二一日には英語教育事業への参入を発表、（https://corp.rakuten.co.jp/news/press/2017/0421_01.html?year=2017&month=4&category=corp%20ec）、同八月八日には英語学習教室も開設しました。こうした動きを見るにつけ、どうして問題だらけの外部試験の導入をこんなに急いで強引に決めるのか、説明をうかがいたく思うわけです。

この章の続くセクションでは、こうした英語政策がいったいどのような実害をおよぼすかに焦点をしぼって考えたいと思います。簡単にまとめると以下のようなことです。

（1）受験生は無駄な出費を強いられ、格差も生まれます

（2）試験は不適切です

（3）「英語能力」は落ちます

外部試験で英語力があがるという「ウソ」

今回の外部入試導入の一つの効用として受験機会の複数化があげられています。これに対し反対意見として、高額な試験料のために受験生の家庭の収入に応じた格差が生じるという指摘がなされました。何度も受験をすれば、たしかに試験に慣れるし、とくに英検やＴＯＥＩＣをはじめこれらの資格試験・検定試験は高度にパターン化されており、必ずしも「英語の能力」があがっていなくとも、受ければ受けるほど試験慣れして有利になり点数もあがると言われています。これでは裕福な家の子のほうが有利なのは間違いありません。

ただ、より根本的な問題は、そもそも回数をたくさん受ければ点数が簡単にあがるような試験を入試として設定することで、どうして英語力があがるなどという理屈を立てられるのかということです。英検にしてもＴＯＥＦＬにしてもＴＯＥＩＣにしても、あくまで英語力を測るための道具。診断テストです。ところが遠藤さんにしても下村さんにしても、あるいは安河内さんにしても三木谷さんにしても、「子供の英語力をあげるためには入試を変えなければいけない」という論法をとります。ということは、生徒はこうした外部試験を*めざして*勉強することで成果があがるのだという考えをお持ちということです。

しかし、有識者会議ではＴＯＥＩＣのどこがどういいのか、英検を入試にするとどういう能力が伸びるのかということは**一切議論されていません**。鳴り物入りで導入する肝心の試験が、パターンとしてはやや単純なもので、必ずしも英語力があがっていなくも受ければ受けるほど点数があがるとしたら、導入の意味はない。ここにはあまりに露骨な「うそ」がないでしょうか。

業者試験を入試に導入することは、生徒や親を表層的な受験テクニックの習得に走らせるばかりなのです。受験生の親の心境を想像してみましょう。今まで受けたことのない試験を前にして、子供にどう勉強させたらいいかわからない。しかも種類はたくさん。高校の指導要領にも準拠していない。だから学校でも対応できない。そうなると、当然たよりになるのは対策を指導してくれる業界です。こういう流れが誰にとって都合がいいかは一目瞭然でしょう。

業者試験が対策をとればとるほど点があがるのだとしたら、対策をとっていない受験生はほんとうは英語ができても、相対的に「不利」ということになってしまいます。入試は競争です。他の子が、対策業者のおかげでより高い点をとれば、対策業者に頼らない子は自然とそのあおりで本来受かるかもしれなかった大学にも受からないということになる。こうなると、みんなパニック状態に陥って、必死に対策に走るでしょう。しかし、何という不毛な競争でしょう。パターンのちがう業者試験のために、いちいちお金をかけて準備しなければならない。本質的でないことに頭を悩ませなければならない。他方、受験生が使うそうしたお金は、受験対策をウリにする業者に吸いこまれていく。

そもそも本来は診断テストとして使われている業者テストを、何十万もの生徒が受験する一斉試験に転用するという考え方には根本的な間違いがあります。診断テストは自分がいるだいたいの位置を知るために受けるものなので、大まかな点数でも十分。しかし、入試では合否のボーダーライン上に何千人という受験者がならぶ。受験者が公平だと思えるような形で試験を点数化しなければば納得感は得られず、場合によっては不正を引き起こしたり、最終的には意欲の低下まで招くでしょう。

「4」にこだわる真の理由

にもかかわらず、例の「ネオ4技能看板」はむしろパニックを助長しようとします。外部試験導入を推進しようとする人たちは「4技能」という看板にとてもこだわります。それは、すでに指摘したように、外部試験を導入するための大義名分がスピーキングテストの導入くらいしかないからです。だから、推進者たちは「4技能」という看板にしがみつくことで、スピーキング実技テストの導入をはかろうとします。そうすることで「それなら業者試験を」という話に持っていこうとする。「4」は業者試験導入のための最大かつ唯一の武器なのです。

しかし、そもそもネオ4技能主義の看板には明らかに「ウソ」があります。中高での英語の時間数は限られている。これから劇的に増えるということはありえません。そうなると、いわゆるスピーキングの時間を増やすためには、ライティングやリーディング、リスニングの時間を減らさざるをえない。**つまり、4技能どころか、他の技能を犠牲にしてスピーキング中心主義を導入するというのがネオ4技能看板の正体なのです。**

せいぜい週に四～五時間の英語の授業でさらにスピーキングに特化した時間を増やし、かつ文法や訳読はするな、授業は英語でやれ、などということになったらどうでしょう。実質には1技能、いやそれ以下になるだけです。これまでかろうじて身についていたなけなしの「英語力」もついに剥がれ落ちる。文法や読解の力が落ちれば、結果的には「しゃべる能力」と彼らが呼ぶ部分も落ちていくでしょう。これは先の「安倍昭恵さん英会話できない事件」の説明からもおわかりいただけたかと思います。

今回の有識者会議では、たとえば三木谷さんや安河内さんが「グローバル人材の育成は、何よりスピーキング力の向上だ」という、五〇年以上前からとなえられてきた古いイデオロギーを振りかざしているようですが、実際にビジネスの現場に携わっている人なら痛いほどわかっているように、重要な案件ややり取りほど「文書」（紙媒体・磁気媒体含む）の形をとります。つまり、読み書きができなければビジネスなどできないのです。「パーティでわいわい」はそのあとにくるもの。ビジネスにかかわる方がそんなことを知らないわけがない。みなさん心の底では、「グローバル化＝英語ぺらぺら」などという図式が嘘だとわかっている。ただ、英語市場のバブルを引き起こすには、こうしたキャッチフレーズが都合がいいとも思っている。所詮、一般人はその程度のものだと考えているのではないでしょうか。

スピーキング入試導入の害悪

こうした制度変更が英語教育にとってどれだけ壊滅的な影響を持つかは、指導要領の問題も含めて後の章で触れたいと思います。ここで問題にしておきたいのは、スピーキングを入試に導入することの是非です。

入試へのスピーキング導入からくる弊害は大きくわけて三つあります。

（1）公平なスピーキング力測定の困難
（2）生徒の学習意欲の低下
（3）技能習得への弊害

詳細は言えませんが、私自身、スピーキング力の測定を含むような試験にこれまで何度かかかわってきました。点数をつけ、合格不合格を判定し、その結果、受験生の人生にも影響を及ぼしたと思います。もちろん、そうした試験には詳細なマニュアルが用意されていることも多い。受験者のどういった能力を評価するのか、なるべく不公平がなく判定できるようにシステムがつくられているのです。

しかし、そうした経験を踏まえてあらためて思うのは、抽象的な「スピーキング能力」などというものはどこにもないということです。安河内さんはご自身が作成にかかわったE-CATというスピーキングテストのための基準を示し、ヨーロッパでも用いられているCEFRを元にしたのだ、「これをめざせ」と言っています。6段階ある基準のうち、たとえば「正確さ」について中級の「3」では次のような基準項目が立てられています。

□基本的な構文についての知識はある。
□簡単なことであれば表現・説明できるが、文が複雑になると上手く話せない。

□身近でよく知っているトピックは安心して話すが、知らない話題となると動詞の時制や主語と動詞の人称を間違えるなど、しばしばミスをする。

自分が採点者だったら、「うわ～たいへんだなあ」と思うでしょう。「簡単なこと」？　誰にとって簡単なのでしょう？　まさか採点者にとって？　それとも、受験者の心理を見抜いて「あ、この人にとっては簡単なのだな。はい、減点」とやるのか？　同じことは「身近」とか、「知らない話題」についても言えます。

繰り返しますが、こうした基準は診断テストとして受験者の大まかな位置を知らせるには役立つかもしれません。しかし、何千人もの受験者が同じラインにならぶ試験で、別々の採点者による採点結果を集めて学力に順位付けをするというシステムでどれだけ納得感が得られるでしょう。

しゃべるというのはいったいどういう行為でしょう。まずは話題が必要です。しかし、それだけではありません。しゃべるということは必ず聞き手を想定するものです。つまり、相手への態度がかかわる。反応の速度、説得力、ニュアンス。場合によっては、躊躇や言いよどみが逆に訴える力を生むことだってある。何より、その場の流れというものがある。審査員相手に流れをつくるのがうまい人、あるいはたまたま相性がよくて流れがつくれた人はおおいに得をする。それがスピーキングテストの現実です。

「それは高度な話ですよ。大学受験レベルでは関係ない」という人もいるかもしれません。でも、ほんとうでしょうか？　たとえば英語圏ではない国に行って、いわゆる「かたこと」の英語で、こちらがはっとするような説得力を持つ発言をする人に出会ったことはありませんか？　おそらく遠藤さんや下村さんはそういう経験はお持ちではないのでしょう。私はあります。そういう人について「英語ができる／できない」ということを云々するのはほとんど無意味なことのように思える。それに、そういう種類の説得力を除外してスピーキングなどということを言って、いったいどんな意味があるのでしょうか。他方、ひどく流麗で、よく響く声で、およそ無内容のことを誇らしげに語るいわゆる「ネイティブスピーカー」に出会ったことがない人はいないと思います。私も授業などで何人かそういう人たちと出会いました。もちろんこうした人は、テストであればある程度高得点をとるでしょう。

採点の困難

はっきり言いましょう。ほとんどの日本の受験生のスピーキングの点数は、入試マニュアルに沿って判断するとしたとしたら、中級よりかなり下の同じようなところに集中するでしょう。リスニング試験もこうした結果になりがちです。しかし、それを一概に「できない」と一絡げにすることはできません。**それぞれ「できない」なりの個性があるからです。**さきほども述べたように、言葉を発するという行為は、その人の人柄や会話の癖などと切り離せない。人によってはそれを通して「人格」さえ見るかもしれません。つまり、**スピーキングほど規格化された採点のシステムになじまないものはないのです。**

点数化は、リスニングのテストであればある程度機械的にできるでしょう。それが厳密に能力を反映しているかどうかはともかく、不公平さは少ない。しかし、スピーキングはどうでしょう。そもそも機械的な判定などできない。かつ、みながグレーゾーンに集中したとしたら、間違いなく試験官の主観によって有利不利が生ずる。

これは受験生の視点からすると、巨大なブラックボックスの誕生だと言えるでしょう。グレーゾーンをふらふらする自分がどう判定されるかわからない。つまり勉強の目標がはっきりしないということです。いきおい、藁にもすがる思いで業者に頼る。「いよいよ4技能がはじまるぞ！　自分では対策は無理だぞ！」といった広告は、そうした受験生の心理を見透かしています。そこに含まれているのは、「これからの入試はあなた自身の力ではどうにもならないのだよ。業者にたよらないと、いい点数はとれないよ♪」という、ほとんど悪魔の囁きのような声です。

そんなに信頼性の低い試験なら、どうしてアメリカの大学で判定材料に使われているのだ？　という人もいるかもしれません。ＴＯＥＩＣやＴＯＥＦＬはさまざまな国で使われていて、それなりの信頼性は確立しているという。

しかし、しつこいようですが、忘れてはならないのはこれらの試験があくまで「測定」の道具だということです。体温計や体重計といった医療機器のことを考えてみてください。こうした機器はもちろん厳しい検査を通り、精密な測定を可能にするものです。しかし、そこで決定的に大事なのは、正確に測ろうとする意思です。体温を測るときにごしごしこすったり、逆に氷で冷やしたりすれば、正確な結果が得られないのは当然です。こうした機器が正確な結果を出すために必要なのは、正確な結果を出そうと協力する人間の心なのです。

入試はどうか。自分の能力を正確に測定しようと思って入試を受ける人は皆無です。誰もがより高い点数をとり、合格しようとして受験する。あたりまえです。模試ならわかる。過去問を解く場合も、あくまで「測定」が目的でしょう。しかし、本番は違う。受かるために受けるのが試験です。外部試験は本来は「受ける」ためのものではなく、「測る」ためのものなのです。TOEFLが大学院入試だと勘違いしている人もいるようですが、その目的は、現地の大学に留学する人がそこでの授業についてこられるかどうかを判定することにあります。困るのはあくまで本人なのです。

遠藤さんにしても、下村さんにしても、あるいは安河内さんや松本さんにしても、そのことをすっぱり忘れて、「業者試験を目標にすれば英語ができるようになる」と主張しているようですが、信じられないほどナイーブな意見です。もちろん、ご本人がそれをどの程度信じているのかは、疑わしいですが。

そもそも何のための大学入試？

このことは大学入試の理念ともかかわってきます。大学入試は、高校生が大学で勉強をつづけるにあたって「これくらいのことは勉強しておいてね」というメッセージをこめてつくられています。また、入試問題は機械的に同じパターンを繰り返しているわけではなく、前年の結果を見たり、場合によっては誤答のパターンなどを分析しながら、どういう問題をつくれば受験生が適切な準備をし、適切な能力を身につけられるかということを勘案してつくられているのです。採点でも、誤答例を検証しながらより適切な採点基準が練られていくことがある。実際の入試問題を検証しもせずに「大学入試は偏っている」という昔からの偏見を連呼するだけの遠藤さんや下村さんや安河内さんは、たとえ一秒でもこういうことを考えたことがあるのでしょうか。

大学入試は受験生とのコミュニケーションの場です。受験生が授業を見学したりする機会は限られている。彼らは何より入試問題を見て、大学を知ると言えます。だから大学の側も入試にはメッセージをこめる。そこには対話があります。理念の顕示があります。機械的に同じパターンの問題を出すだけの試験とは、根本のところで大きな考え方の違いがあります。

　このこととからめてもう一つの懸念をあげたいと思います。業者試験ではどれくらい秘密性が保たれるのでしょうか。どれくらい厳密な点数の管理が期待できるのでしょう。あまり知られていないかもしれませんが、大学では入試問題の管理に、信じられないほどのエネルギーを使っています。入試問題の印刷も「そんなところでやっているのか！」というところを利用します。そうした努力を支えているのは教職員のプライドです。自分の大学にくる学生を選抜することをめぐる熱い思いは、なかなか外の方には伝わりにくいかもしれませんが、正直言って「そこまでしなくても」と思わないでもないほどです。

　だからこそ、入試で不正があれば世間も厳しい目をむける。問題の説明文で助詞が一つぬけていただけで、お詫びの記者会見が開かれたりするのもそのためです。

　関係者の方に失礼になるかもしれないので、純粋な疑問として（つまり修辞疑問ではなく）うかがいたいのですが、業者試験というものは試験問題等の管理にどれほど神経を使うものでしょう。たとえばＴＯＥＩＣの問題で出題ミスがあった、ということがニュースになったことがあるでしょうか。答案の管理はどのように行っているのでしょう。出題される問題の秘密性はどうやって保たれるのでしょう。出題者はどのような方なのでしょう。そして、採点をするのはいったい誰？　たとえばよからぬ政治家から圧力があって、何かの操作があるということは……まあ、さすがにないでしょうね。

もちろん、業者試験はあらゆる点において完璧で、問題など生じようがないのかもしれません。だからこれは純粋に質問として問うただけです。失礼があったら謝りますが、少なくとも大学の教職員が入試にかけるエネルギーと情熱については、あらためて言及しておくべきかと思った次第です。

日本の受験文化も、大学教育もこうした真剣さの結実として形成されてきました。もちろん批判もあるでしょう。改善すべき点もある。しかし、それだけに、その代替となるものには相応のレベルが必要です。「受験戦争」とか、「受験技術」ということがいやというほど言われて来ましたが、そういう制度の中でも、優秀な学生は生まれてきました。予備校を含めた受験文化の洗練が、日本の文化に寄与してきたものを――もちろんその弊害も含めて――総括するのは決して悪いことではない。だからこそ、そんな反省もなく、表層的な現状批判をもとにまったく屁理屈のような恣意的な教育方針をかかげ、政策を推進する姿勢には疑念を抱かざるをえません。

第4章 検証 業者試験の「英語力」とは？

TOEICが前提とする「現実」

今回の政策はネオ4技能主義の人たちによって「とにかく4技能」→「だから外部試験」という理屈で進められてきました。その理屈がいかに誤解の上に築かれたものか、またそこから引き起こされる弊害がどんなものであるかは、すでに第3章でも説明しましたが、ここでは比較的受験者の多い業者試験の例としてTOEICをとりあげ、どこにその問題があるかを示したいと思います。

TOEICがいったいどんな試験か見たことも聞いたこともないという方も多いかもしれませんので、まず基本的なことから説明しましょう。TOEICというテストが公式に「ウリ」にしているのは、いわゆる「ビジネス英語」です。ホームページでは、このテストは「実際のコミュニケーション能力を評価する」とした上で、「知識・教養としての英語ではなく、オフィスや日常生活における英語によるコミュニケーション能力を幅広く測定します」（http://www.iibc-global.org/

toeic/toeic_program.html）とあります。

この部分を読んで「ふうん」という方もいれば、「まあ、いいんじゃない」と思う方もおられるかもしれません。しかし、私はここに疑念を持ちます。そもそもこのような宣伝文句のあるテストが大学入試として課され、その結果、中学から高校に至る英語教育の「目標」としてかかげられるということは何を意味するのでしょう。

もう一度、今挙げたホームページ上の宣伝文句をじっくり見てみましょう。注意していただきたい部分に傍線を引いてあります。

> 実際のコミュニケーション能力を評価
> 知識・教養としての英語ではなく、オフィスや日常生活における英語によるコミュニケーション能力を幅広く測定します。

私が疑念を持つのは、まず「実際のコミュニケーション」という表現です。「実際の」の意味が不明なのです。「実際の」はいったい何を指しているのでしょう？ 「絵空事」ではなく「現実」という意味でしょうか？ それとも「昔の」ではなく「今の」という意味でしょうか？ 何がどう「実際」なのか、そもそもコミュニケーションに「実際のコミュニケーション」と「実際でないコミュニケーション」があるのでしょうか。

教育には「知識・教養」は邪魔？

実は、続くもう一つの宣伝文句を読むと、ここがあいまいになっている理由がわかります。次の部分では「知識・教養としての英語ではなく、オフィスや日常生活における英語」とあります。なるほど、と思います。「オフィス」と「日常」をこの順番でならべることで、ＴＯＥＩＣというテストが示したいのは以下のような考え方のようです。

◇私たちの現実はまず「オフィス」にある。次いで「日常」がくる。
◇「オフィス」や「日常」は「知識・教養」とは関係がない。
だから……
◇「知識・教養としての英語」なる変なものがあるが、これは私たちの現実とは関係ないし、そんなものを学んでも役に立たない。

これだけ「知識・教養」を目の敵にしたテストが、大学入試に採用されるというのは不思議なことです。義務教育の中学校や、高校の普通科の教育というのは、まさに広く「知識・教養」を学ばせるためのものではないでしょうか？　中学高校から職業訓練をさせよう、「知識・教養」からは切り離そうというのでしょうか。もしそうなら、はっきりそのように示すべきです。しかし、それはいったいどんな「教育」なのでしょう。

ここで「オフィス」という美名が使われていることにも注意したいです。たしかに「オフィス」というとちょっとカッコイイ。大手町のビルから皇居の緑を見渡すような、日当たりの良い広々とした「オフィス」を思い浮かべる人もいるでしょう。しかし、この「オフィス・レトリック」の裏に隠れているのは「労働」にすぎません。

遠藤さんや下村さんといった政治家たちは、「日本人が英語ができない」の根拠として、たとえば「パーティでわいわいやりたい」とか、「数学オリンピックでメダルをとったのににこやかに挨拶できない」といった発言をとりあげました。でも、こうした英語に必要なのは、「オフィス」で使うとされる英語ではなく、まさに「知識・教養」の英語ではないでしょうか？　安倍昭恵さんの「ハローが言えない事件」もまさに「知識・教養」と直結します。もし彼らが言うように、これが「実際のコミュニケーション」だとするなら、必要なのはクレーマー処理のためのパターンを覚えることよりも、臨機応変にさまざまなコンテクストに対応するための「知識と教養」ではないかと思います。

「実際の英語」という概念は、日本にしかない

あまり知られていないかもしれませんが、「実際の英語」＝「オフィスの英語」という理屈を掲げているのは日本のＴＯＥＩＣ協会だけです。英語版のＴＯＥＩＣサイトでは「実際のコミュニケーション能力」などということは言っていません。つまり、知識と教養を排除して、「オフィス」なる空間だけで使われる英語を学ぶのが何より大事だとするような歪んだ英語観は、そもそも日本

独自のものだということです。そうした英語観・言語観こそがこの二〇～三〇年の英語教育や、ひいては日本の教育界全体の歪みを引き起こしてきたのです。

ＴＯＥＩＣとはTest of English for International Communication の略。運営しているのはアメリカにある「教育試験サービス」Educational Testing Serviceという組織です。ただ、問題を作っているのはアメリカの組織ですが、そもそもＴＯＥＩＣというテストを発案したのは日本人です。現在でも日本や韓国などからの発注に応じてテストが作られている。ところが、本国のサイトでは、日本のサイトとはいささか異なるポリシーが掲げられているのが不思議です。

The *TOEIC* tests:
Help businesses build a more effective workforce.
Give job seekers and employees a competitive edge.
Enable universities to better prepare students for the international workplace.

(https://www.ets.org/toeic/succeed)

ＴＯＥＩＣのテストを使えば、
企業は、より質の良い従業員をそろえられます。
求職者や従業員は、競争力を身につけられます。
大学は、国際的な職場環境に学生がよりうまく対応できるように教育できます。

違いにお気づきでしょうか。英語版ではＴＯＥＩＣの役割を、明確に「労働力」確保のためと銘打っているのです。しかも三つのうち一番上に掲げられている文でフォーカスされているのがbusinesses（ここでは「企業」の意）であることからもわかるように、視点は雇用者、経営者の側にあります。テストを活用する主体は企業なのです。

この違いが何を意味するか考えてみてください。アメリカのＴＯＥＩＣのサイトで示されているのは、このテストが、企業が「使える労働者」を揃えるための道具だということです。移民の多いアメリカでは、たとえ国内で人材を確保しても、最低限の「英語力」が保障されているとは限らない。だから、健康診断と同じようにそうした人材の英語力を診断し、必要な労働力を確保する――実際にＴＯＥＩＣが使われるのが日本や韓国だとしても、少なくともアメリカ版のＴＯＥＩＣのサイトからはこうした世界観が読み取れるように思います。

だからテストが測るのは、たとえば運転免許やパソコンのタイピングと同じ程度の狭い「技能」。それ以上でも以下でもない。このあと実際のテストも見てみますが、そこで試されるのは忌憚なく言えば、単純労働で使われる英語が中心です。考えるための英語や、感情の機微を伝えるための英語などは入ってきません。

そこにはっきりと打ち出されているのは、**会社の都合**です。労働者がどのような人生を歩むかとか、何を考え、何を感じるか、といったことは、実際の単純労働の現場では必要ないということなのでしょう。二つ目の文には従業員の側の視点もありますが、あくまで「会社の都合」に合わせることが前提になっています。

これはこれで明確なポリシーであり、私はそうしたスタンスを批判するつもりはありません。いかにもアメリカ流だなあ、と思うだけです。雇用者と被雇用者の立場が明確に別れ、ときには血も涙もなく従業員をばんばん解雇する、アメリカ流の雇用関係が反映されている。会社にとって従業員は道具であり戦力であり、「使える」かどうかが肝心。TOEICはそれを測る。正直な宣伝文句でしょう。

「あなたの人生」についてのメッセージ

ところが日本のサイトではこうした思想はうまく隠されています。英語版サイトと比較してみるとよくわかります。「実際のコミュニケーション能力を評価する。」「知識・教養としての英語ではなく、オフィスや日常生活における英語によるコミュニケーション能力を幅広く測定します。」という二つの謳い文句は、「従業員にやらせたい英語」にすぎないものを、まるでそうではないかのように粉飾しているのです。そこには、先ほど読み取ったメッセージに加えて、さらに人生にかかわる考えが示されています。

◇あなたが習ってきた「知識と教養」のための英語は、あなたが生きていくべき現実世界とは関係ないし、役にも立ちません。そんなものはやめなさい。
◇あなたが今後職を得たら、あなたの人生に待っているのは、私たちのテストに出るような英語を使う環境ばかりです。だから、このテストを受けなさい。

私たちが導入しようとしている外部試験の一つの土台には、このような思想があるということです。「実際の英語」などというあいまいな観念も日本独自のもの。日本でＴＯＥＩＣを入試に使おうという人たちの思考回路が、このような思想に支えられているということでしょう。

ここには大きくわけると次のような三つの問題があるように思えます。

（1）ＴＯＥＩＣはあくまで使われる側の英語、つまり「従業員英語」「労働英語」。だから管理職や雇用者、あるいはより専門的な技能を要求される人や、独立して仕事をしたい人にはより高度の技能が必要。

（2）ＴＯＥＩＣを目標に据えることは英語学習を単純化し、目先のことだけで事足りるかのような錯覚を生む。

（3）中学校高等学校で教えられる英語という科目を矮小化している。言葉に対する洞察が欠け、言語学習を通して人生や世界について主体的に、ときに批判的に考えるという視点がない。今回の入試改革全体の理念とも齟齬を来している。

もちろんこれはＴＯＥＩＣだけの問題ではなく、他の業者試験にもあてはまることでしょう。

語学学習の意義を「技能」の習得としか見ないことで、中等教育の土台が揺るがされるように思います。

こうしたことを頭に入れて、以下、実際にTOEICの問題を確認してみたいと思います。いろいろと明確になることがあるかと思います。

TOEICは対策をとれば簡単に点数が上がるの?

今、ネット上にはTOEIC対策の広告があふれています。その多くが「5日間でTOEIC600点突破」「TOEIC 2ヶ月間で目標スコアを獲得するTOEICスクール」といったように、短期で、つまり労せずして点数があがりますよ、というポイントを売りにしています。

当然、次のような疑問も湧いてきます。

- 大学入試に採用されるほどの試験なのに、そんなに簡単に点数があがるの?
- そんなに簡単に点数をアップできる試験を使うこと自体が問題じゃない?
- そもそも英語力ってそんなに簡単に身につくの?
- TOEICの点数があがっても、英語力があがった証拠にはならないのでは?
- 日本ではすでに多くの人がTOEICを受験してきたのに、どうして相変わらず「英語ができない」の?

私もそう思います。しかし、私自身が受験生だったら、そんな難しいことは考えないとも思います。まずは合格することが大事。つべこべ難しいことは言わず、ともかく必死に対策をとろうとするでしょう。そしてついつい、こういう甘い釣り文句に引っ張られて、広告サイトをのぞいてしまうかもしれません。

では、実際のところはどうなのでしょう。そんなに簡単に点数があがるのか。TOEICとはその程度のテストなのか?

さて、どうでしょう。これから具体例をお示ししますので、みなさんがご判断くだされば と思います。

TOEIC対策本の著者の中でももっとも有名な方の一人に関西学院大学の塚田幸光さんがいます。もともと彼が注目を浴びたのは『はじめての新TOEICテスト 全パート総合対策』ですが、その後も続編をたくさん出しておられます。その中から、最近刊行された『TOEIC L&Rテスト 超即効スコアUPテクニック114』を例としてとりあげてみましょう。ちなみにこの本の帯には「直前60分で50点UP!!」との売り文句が踊っています。たった六〇分で?果たして、そんなことが可能なのでしょうか? だとすれば、TOEIC対策とはどんなものなのでしょう。(ただし、帯をよく見ると「めざせ!!」と小さく書いてあるので、残念ながら誰もが「60分で50点」を保証されているわけではないようですが……)

たとえばTOEICのリスニングのテストには、写真の内容を説明した正しい選択肢を答えさせるという問題が頻出します。ここで、ためしに問題作成者の立場に身を置いてみていただくといいと思うのです。写真という形式がほぼ決まっていて、しかもテストとして一定の難易度を保たねばならないとする。毎回、新しい問題をつくるのはかなりたいへんそうだ、ということが想像できるのではないでしょうか。

一つ作るだけならいい。でも、頻繁に作らなければならない、しかも易しすぎても難しすぎてもいけない、ということになると、どうしても同じような問題ばかりになる。TOEIC L&R は一年に10回実施されています（ちなみにスピーキングとライティングはさらに多くて年に24回）。そのたびごとにリサイクルなしで新しい問題を用意するわけですから、**どうしても問題がパターン化してくるのは致し方ないことでしょう。**

塚田さんはそのあたりを見抜いて見事に解説してくれます。私も読んでいて思わず「なるほど！」と思うところがいくつもありました。たとえば次のような指摘。

風景写真の being は不正解！

風景写真の「不正解」の選択肢として、being がよく使われます。例えば、カートだけが写っている写真で、The cart is being pushed.（カートが押されている）は不正解。これは元の文に直すと、A man is pushing the cart. ですね。これも消去法テクニックの一つ。マスターすると正解率がグンと上がります。

（三二）

なるほど、beingとあれば、当然「誰によって」がかかわってくるはず。そこが写っていないとしたら、「ひっかけ」の可能性大。つまりその選択肢は除外されるということです。

選択問題でこのように不正解があらかじめわかっていれば、とても助かります。たとえその選択肢の英語がさっぱりわからなくても、すぐにそれを「不正解」として除外できるので正答率はアップするわけです。

英語を勉強せずにスコアアップ？

このように「不正解」を見抜くテクニックを磨いていけば、下手をすると選択肢の英語が何一つとして理解できなくても、「正解」にたどりつけることになります。

あるいはみなさんはこう考えるかもしれません。なぜ、そんなに簡単に「不正解」だと見破られるような選択肢をならべるのか？　と。もっと難しくすればいいのではないか？　もちろん問題作成者もがんばっているのだと思います。でも、ここでも作成者の立場になって考えてみてもらいたいのですが、一つの「正解」に対して三つの微妙に異なる「不正解」を考えるというのはなかなかたいへんな作業です。自分では意識していなくても、ついつい同じような「不正解」を用意してしまうことはいくらでもある。そのパターンを集めていけば、英語がまったくわからなくても「正解」にたどりつく方法がおのずと見えてくるわけです。

もちろん、ふつうに試験を受けている分にはそうした作成者のパターンには気づかない人も多いでしょう。しかし、ＴＯＥＩＣの問題ばかり見ている「熟練したプロ」によるこうしたアドバイスを聞けば、自分でわからなくても「あ、そうか」というポイントを仕込むことができる。だから、みんな高いお金を払って、「英語を勉強しないですむためのテクニック」を学ぶための塾に通うことになる。まあ、高額なお金を払ってTOEIC塾に行くくらいなら、塚田さんの本を買った方が安上がりだと私は思いますが。

リスニングの会話問題についても、塚田さんによるとてもおもしろい指摘があります。TOEICのリスニングテストでは短い会話を聞いて、その内容についての設問に答えるという形式の問題があります。たとえば設問が次のようなものだったとします。

What is the woman's problem?

（A） She received the wrong key.
（B） She couldn't enter the room.
（C） She lost her ticket.
（D） She forgot the security code.

この設問を頭に入れたうえで会話を聞き、（A）～（D）のどれが正解かを答えるというのがテストの内容です。ここで塚田さんは次のようなアドバイスをしてくれます。

TOEICワールドでは、トラブルが出まくりです。オフィスではコピー機やプリンタ、エアコンが壊れ、エレベーターは故障中。空港では整備不良や悪天候でフライトが遅延します。これらトラブルに関する目印ならぬ「耳印」がI'm sorry, but～。トラブルを問う設問を見たら、会話文ではI'm sorryの後をよく聴きましょう。

（六二）

「TOEICワールドでは、トラブルが出まくりです」という一節には思わず笑ってしまいます。さすが、です。たしかにそうかもしれない。現実世界ではそんなにトラブルばかりではない。でも、「実際の英語」をうたい文句としてかかげる「TOEICワールド」では、トラブル続出のようです。

しかし、I'm sorry, but～だけで「正解」の目星がついてしまうようでは、リスニングテストとしてどれくらい機能しているのだろう、と心配にもなります。でも、何と言っても、I'm sorry, but～という表現はつい使いたくなる便利な決まり文句。だから、ほかは無視してでも、そこに耳をすませばいい。

こうした部分をターゲットにすれば、たとえ「直前60分」でも、その対策はスコアアップのためにおおいに意味を持つでしょう。まあ、TOEICの作問者が塚田さんの本を徹底的に調べて『TOEIC対策本』対策」でもとれば別ですが、なかなかこうした「鋭い目」から逃れる問題を作るのは難しいのではないでしょうか。

問題を見破る「目」

これではＴＯＥＩＣの作問をされる方々もたいへんだろうなと思います。ちなみに塚田さんは関西学院大学で教えているアメリカ文学の研究者です。みなさんは文学の研究者というのは「実際に使われる英語」とは縁もゆかりもないような、浮き世離れしたトンデモ英語ばかりを嬉しそうに読みふけっているお気楽な人たちだと思っているかもしれませんが、それは大きな誤りです。文学研究者は文章を徹底的に読みこみ、分析し、その仕掛けをあばいたり、パターンを見抜いたりする練習を積み重ねた文章読みのプロです。そうしたプロの目からすれば、ＴＯＥＩＣの問題文程度の英語の構造や、その出題パターンなどはいともたやすく見抜くことができます。問題を作るときにも、そうした「見抜く目」は活用できるので、文学研究者は非常に繊細で洗練された良問（単に難しいという意味ではありません）をつくることができます。なので、敵に回したら、かなり手強いのです。

塚田さんの本の人気が高い理由の一つは、きちんと和訳が付されていることでしょう。「４技能看板」を推進する方々は、なぜか訳読を目の敵にしているようですが、こうしたテキストで和訳が付されているととても助かります。

たとえば塚田さんの写真問題のアドバイスに次のようなものがあります。

森の小道はランランラン！
「森の小道」写真では、真っ直ぐならばrun、曲がっていたらwind（曲がりくねる）が出る。
lead through（につながる）も覚えておこう。（三六）

なるほど、という指摘です。ただ、訳が付されているおかげで、「おや？」と思う点も浮かび上がってきます。このあとに次のような例文が和訳つきであげられているのです。

The path runs between the trees.
小道は木々の間を抜けている。
The road leads through the woods.
道が森に続いている。

The path... の方はいいとして、The road leads through the woods. のほうはどうでしょう。これは明らかに「道が森を抜けている」という意味ではないでしょうか。たとえばA pathway leads through the woods to a cabin. という文なら、「小道は森を通って小屋に通じている」という意味になります（『ジーニアス大英和辞典』）。

私は何も塚田さんの誤訳探しをしたいわけではありません。おそらくこれは単なるミスプリみたいなものだと思います。むしろ重要なのは、塚田さんの本がきちんと和訳を載せてくれているからこそ、こうした誤解が明らかになったということです。「実際に使われる英語」の場では、「道が森につづいている」と「道が森を通っている」ではとても大きな違いが生まれそうです。もしこれが待ち合わせ場所を決めるためのやり取りだったりしたら、命取りになりかねない誤解です。ところが「訳読禁止！」とヒステリックに連呼する人たちは、ちょっとした前置詞の意味の取り方次第で、伝わる内容がまったくかわってくるということにはおよそ無頓着です。おどろくべき楽天主義という他ありません。

いずれにしても、この章で取り上げたいくつかの例を見ても、ＴＯＥＩＣのようにパターン化された業者試験を入試に採用することの諸問題が明らかになったかと思います。似たようなことは、他の業者試験にも当てはまる。対策業者と出題業者がほとんど持ちつ持たれつのような関係を形成しているテストを入試に採用すれば、まじめにこつこつと地道に勉強をする子供は減り、みなが「対策」に走るのは間違いありません。いかに「不正解」を見つけるか、「正解」に至るための重要ポイントをどうやってさがすか、といったことばかりに血道を上げ、英語の対応能力そのものは落ちるでしょう。他方で、「対策を教えますよ！」との売り文句を掲げる業者はどんどん利益をあげるという仕組みです。こんな政策を進めたいのはいったい誰なのでしょう。

先述したように、安河内さんや三木谷さんはいずれは国立大学の二次試験の英語を撤廃して、ぜんぶ業者試験で置き換えるべきだ、とおっしゃっています。もちろん下村博文さんも大賛成でしょう。しかし、もしこのレベルの業者試験をセンター試験のかわりに導入するというなら、むしろセンター試験や共通一次試験以前に立ち戻ることを考えたほうがいいでしょう。かつて各大学が、独自の問題だけで入試を行っていた時代がありました。「ビジネスな方々」による「ぺらぺら幻想」と民営化圧力から教育・研究を守るためには、大学は自衛の手段を講ずる必要があります。

第5章 「実用英語」は実在するのか

オーラル英語に夢を見た数十年

さて、ではより根本的な問題に移りましょう。

今回の政策がうまく利用したのは、この二〇〜三〇年文部科学省の政策を支配してきた「オーラル英語幻想」です。もう四〇年以上前から、日本では「実用英語」なる概念が一人歩きしてきました。これを「街角の声」風に要約すればこんなふうになるでしょうか。

・学校で小難しい文法を教わっても、すかっと爽やかな「役に立つ英語」ができない！
・大学入試のために英語の勉強をしても、仕事で英語を使うときに役にも立たない！
・学校で習う英語には不必要なものが多すぎる！　関係ないものはやめちまえ！

村上春樹さんではないですが、こうした意見を聞くと、「やれやれ」と思わざるをえません。

たしかにこの理屈には――どんなセンセーショナルな理屈にもあるような――一定のインパクトはあります。たしかに学校で習う英語は理屈っぽい。文法用語は変てこりんである。とても「ガイジンさん」と「ハロー、ハロー」とやり取りを交わすときの、あの恥ずかしくも苦甘いような生々しい体験に資するとは思えない。

では、どうするか？

文部科学省の担当者もいろいろ勉強し、苦労されたのでしょう。しかし、そんな中で次第に政策の主導権を握っていったのが、文部科学省の中でもコミュニケーション重視を唱える一部の勢力でした。コミュニケーション派の方々は、読解を中心にした従来の英語教育を「古くさい」と切り捨て、口頭でのやり取りに重きを置く「オーラル英語」を推進しようとした。そして、ほとんどヒステリックなまでの勢いで、アンチ文法、アンチ訳読、アンチ教養主義を振りかざしたわけです。

こうした反応の背後にあったのは、ざっくりと言えば二つの勢力だと言えるでしょう。一つは、訳読型の英語教育に興味が持てず、あまり高い点数がとれなかった方々。たしかに訳読の場合、日本語のセンスなどもかかわってくるので、英語の勉強だけでは十分にカバーできないという不満はあったでしょう。帰国子女で英語がある程度しゃべれるのに、試験では点数が低いということも起きうる。たしかにこれは「矛盾」だと感じられるかもしれない。

もう一つの勢力は、「即戦力」を求める企業の声です。優秀な社員だと思って採用してみたら「英会話一つできない」。この「英会話一つできない」現象については、そもそも「会話」に達するまでに遠い道のりがあることをすでに説明しました。つまり、「英会話一つ」などとバカにできないのが会話なのです。でも、「とにかく英語圏に進出したい」と焦る企業は、安上がりに簡単に戦力を手に入れたいのでしょう。そこから不満の声があがる。

「そのまんま英語」の時代と、背後で動く人

そんな中で政策立案者がかかげたのが、「そのまんま、すかっと爽やかに英語でやっちゃえ！」という、おどろくほど楽天的な考えでした。この一〇〜二〇年の文部科学省の政策にはっきりあらわれているのがこの「そのまんま主義」です。その結果、二〇〇八年の指導要領には「英語の授業は英語で」という一節も盛りこまれました。もちろん、政策を推進した文部科学省の担当者がご自身でも認めているように、この方針にはとくに根拠はないようです。あるとしたら、先も触れたような、「英語圏に生まれた人は何も教わらなくても英語ができるじゃないか」という理屈です。こうした自然習得が幼児期でないと難しいことは今では誰でもわかっている常識ですが、いまだにそんな理屈をとなえる人がいるのは驚きというほかありません。

当然ながら、この指導要領には大批判がわき起こりました。英語教育にかかわる方々はバカではない。いくら文部科学省からの指令とはいえ、あきらかに理にかなわないものを「はい、そうですか」と受け入れることはなかった。英語の習得過程にそれほど詳しくなくとも、週四〜五時間程度の英語の授業で「そのまんま主義」を通したら、何も身につかないことは明白でした。

だから文部科学省も追いこまれ、二〇一〇年には当初の姿勢を大幅にトーンダウンさせた以下のような「解説」を発表することになります。

言語活動を行うことが授業の中心となっていれば、文法の説明などは日本語を交えて行うことも考えられる。

授業のすべてを必ず英語で行わなければならないということを意味するものではない。英語による言語活動を行うことが授業の中心となっていれば、必要に応じて、日本語を交えて授業を行うことも考えられるものである。

（高等学校学習指導要領解説「英語」）

そんなこと言われなくてもわかってるよ、と言いたくなる人も多いでしょう。こんな苦渋に満ちた「解説」をつけるくらいなら、「英語の授業は英語で」という部分を削除したほうがよほど誤解もないし、指導要領としてもすっきりするはずです。「英語の授業は英語で行うことを基本とする」としておいて、わざわざ「授業のすべてを必ず英語で行わなければならないということを意味するものではない」なんて付け加えるのは、いかにも変です。「この政策、やっぱりおかしいですよね……」というたじろぎのようなものが、文面の端々から聞こえてくるように思います。

では、こんなに無理をして「英語の授業は英語で」という一節を押し通したのはいったいなぜなのでしょう。一つはメンツということもあるでしょう。責任者がせっかく鳴り物入りで導入した政策を、世間から大バッシングを受けたからといってあっさり取り下げたら、「文部科学省は何をやっているんだ」という声が殺到するかもしれない。

しかし、その裏にはもう一つ、ダークな面があります。この「解説」をみるとあらためてわかるのは、「英語の授業は英語で」という考えが無根拠なばかりではなく、きわめてイデオロギー色の強い政策だということです。つまり、この旗印はやがて例のネオ4技能主義と結びつくことになるのです。

「英語の授業は英語で」の隠れた狙い

すでに説明したように、外部試験の導入にあたっては4技能の「4」という看板がどうしても必要でした。なぜなら、それ以外に外部試験導入を正当化する理屈がないからです。このネオ4技能主義をささえたのが、スピーキングを中心にすえ、訳読や文法は極力排除する、という指導要領の方針だったのです。

ここで、「あれ?」とお思いの方もいるのではないでしょうか。「4技能」と言うなら、当然、ライティングもリーディングも入ってくる。「どうして文法と訳読をそんなに敵視するの?」という疑問がごく自然に生じます。文法知識もなしに文章が書けるようになるわけがない。文章読解の鍛錬に際して、訳読を禁止する理由もわからない[1]。

しかし、まさにここで「英語の授業は英語で」という看板が生きてくるわけです。はっきりいってこの看板は、太田光春さんという当時の責任者のメンツの落とし子にすぎません。あれだけ注記をつけたら、指導要領にこの一節が残っていることにほとんど意味がありません。「殿、ご乱心なさるな!」と周囲のものが必死にフォローした証しが、あの指導要領の「英語の授業は英語で」と「授業のすべてを必ず英語で行わなければならないということを意味するものではない」との珍妙なセットでした。

ところが、そんな形骸化しつつあった「メンツの落とし子」をしっかり利用する人たちが出てきた。この指導要領の文句を引用して、「これこそが国の方針だ！」とか「現場が混乱するから方針には従え！」などと言い出す人が出てくるのです。彼らはこの形骸化した「英語の授業は英語で」を拠り所に、スピーキング中心の旗を掲げようとしました。

その中でも代表的なのがネオ4技能推進の立役者の一人である立教大学の松本茂さんです。太田光春さんとも親しい松本さんは、二〇〇八年の指導要領策定でも中心的な役割を果たした方。今回の外部試験導入を検討する「有識者会議」のメンバーにももちろん入っています。コミュニケーション論をご自身の専門分野としてかかげる松本さんにとって、スピーキング中心主義はとても都合のよい看板でもあるでしょう。

しかし、この松本さんに「なぜ英語の授業は英語でなの？」「なぜそんなにスピーキングにこだわるの？」という問いを立てても、答えはかえってきません。もともと修士課程では行動学を勉強なさったという松本さんですから、英語教育についての考えはとくにお持ちでないのかもしれません。そんな松本さんがネオ4技能主義者としてスピーキング中心主義のための盾にしたのが、「国の政策だ！」とか「現場が混乱するから統一的な政策が必要だ！」といった理屈でした。

このあたりの事情については、第3章でも言及した有識者会議の議事録にとても生々しいやり取りが記録されています。少し長くなりますが、「有識者会議」なるものの実体がよくにじみ出ていると思うので、以下に関連箇所を引用します。この会議で、孤立無援の中、スピーキング主義の問題点を指摘し続けた明海大学の大津由紀雄さんと立教大学の松本茂さんのやり取りをご覧ください。

【大津委員】どうもそこに関する私の発言はやぶ蛇だったようですが、蛇を出した以上、もうちょっと松本さんのお考えを聞いておきたい。松本さんは日本における英語教育において、訳読――文法はちょっと置いておきましょう、ここは絶対必要だとおっしゃると思う――訳読というものは、なるべく避けるべきであるとお考えなのか、お考えであれば、それはなぜかということを教えてください。

【吉田座長】松本さん、どうぞ。

【松本委員】ここで個人的な英語教育観について話すのはいかがなものかと思いますけれども、私が申し上げているのは、国の方針がぶれないことをお願いしたいということです。現場が混乱してしまうので。その点だけです。個人的な学習として訳読をする必要性をすべて批判するわけではないですが、教室という場でみんなで訳読するという指導法は減らしていく方向で今まで現行の学習指導要領下では皆さん御努力されているので、それに対してストップをかけるようなことはしない方がいいのではないかということです。

（中略）

【大津委員】教室の中での訳読は避ける方針というのは、国の方針なのでしょうか。仮にそうだとすると、その根拠はどこにあるのでしょうか。

【松本委員】私ですか。

【吉田座長】はい、じゃあ松本さん、どうぞ。

【松本委員】飽くまでも私は学習指導要領に書かれてあることについて説明しているつもりですので、私が説明してもよろしいのでしょうか。事務局の方で引き受けていただけますか。

【吉田座長】事務局の方で、はい。今の学習指導要領の文言の問題で、また解釈の問題ですよね。その辺はいかがですか。

【圓入室長】少し細かくなって恐縮ですが、学習指導要領、お手元にありますので、御確認いただければと思います。こちらの紙ファイルのタックがついている三つ目に学習指導要領とありまして、高等学校の学習指導要領の解説、外国語編、英語編でございます。この43ページを御覧いただきたいのですが、授業は英語で行うことを基本とするということを、この解説の方で丁寧に書いてあるところでございます。ここも前に御説明いたしましたように、これは方針を変更するということではなくて、現行を維持するという説明をさせていただいておったかと思います。


（第九回議事録）

なるほどぉ。指導要領というのはこういうときに役に立つのですね、という瞬間です。しかもこの指導要領を策定するのに中心的な役割を果たしたのがほかならぬ松本茂さん。その肝心の松本さんは「飽くまでも私は学習指導要領に書かれてあることについて説明しているつもりですので」

などと言ってごまかそうとしている。例の「英語の授業は英語」という部分を、文部科学省の圓入室長がうやうやしく持ち出して読み上げる、その瞬間の何と演劇的なことか。まるでドラマのようです。でも、肝心の「英語の授業は英語で」説には何の根拠もないから、誰もその理由は説明できない。

こうした経過を確認してみても、外部試験導入がはじめから既定路線だったのは明白です。「4」は口実にすぎません。しかし、その口実を口実として生かすには、何としてでもスピーキング主義を守らなければならない。そこが崩れたら、次のような疑念が次々に浮上してしまうからです。

・その程度の4技能なら、日本語で十分教えられるのではないですか？
・その方がよっぽど効率よくはないですか？
・今までだって4技能くらいしてたよ？
・何で入試変えなきゃなんないの？

至極まっとうな素朴な問いばかりです。でも、こうした問いにきちんと向き合うと、業者試験導入の口実はあっさり崩れ去ることになります。

私たちの「英語コンプレックス」が利用された

それにしてもこれほど重大な政策が、どうして一部の人たちの思惑のままに推し進められることになったのでしょう。いくら松本茂さんなどのネオ4技能派の方々が上手に事をはこんだとしても、それだけではこれほどの事態には至らなかったのではないでしょうか。

実は、ネオ4技能派の人たちが利用したのは、一般の人々の心の底にあるコンプレックスだったのです。そういう意味でもこれはとても「悪質」な政策です。

このことを説明するには、まず日本でどのように英語が教えられてきたかをおさらいしておく必要があるかと思います。

ご存知の方も多いかもしれませんが、明治のはじめに大学が創設されたときには授業は外国語で行われました。というのも教員は外国人で、文献も外国語。翻訳もなかったからです。そうせざるを得なかった。日本がもっとも「グローバル」だった瞬間だと言えるかもしれません（もちろん皮肉です）。

しかし、やがてそんな状況に変化が生まれます。学問のための基本文献は日本語に翻訳され、日本語をしゃべる教員も育ってきたのです。そんな中でもっとも有名なのは、第2章でも話題にのぼった夏目漱石。彼が教わったのはスコットランドからやってきたディクソンという教師でしたが、やがて彼はロンドンに留学し、小泉八雲の後釜として東京帝国大学の講師となります。英文学を勉強した漱石は、英文学を通してヨーロッパの近代小説の作法を吸収し、みずから日本風の近代小説を書くようになるのです。

漱石が小説家としてデビューしたプロセスは、まさに日本という国と日本語とが自前の「近代文化」を築いていった軌跡を示しているでしょう。

しかし、こと英語教育ということになると、こうした自前文化の熟成は諸刃の剣ともなりました。というのも、翻訳書が出回り学問を日本語で行えるようになると、英語を勉強するモチベーションがなくなってしまったからです。しかも、他方では明治初期とちがって教育を受ける層がぐんと拡大していきます。それほどの動機もなく教育を受ける人や、英語を勉強する人が増えた。そんな中で、すでに大正期には「なんで英語をやるの?」という問いが発せられるようになります。

その後、太平洋戦争中に英語が敵性語として禁止されたことはみなさん忌まわしい記憶として頭に残っているでしょう。カタカナ英語の野球用語まで日本語化された時期です。しかし、戦後になると、今度はアメリカ一辺倒の潮流が訪れます。英語ばかりかアメリカ文化が日本を席巻する。ただ、この時期、たしかに英語を学ぶモチベーションは高くなったかもしれませんが、必ずしも英語を「必要」とした人は多くはなかったかもしれません。戦後の英語熱はあくまでぼんやりとした「憧れ」に支えられたものでした。一種のバブルだったのです。

こうした時期をへて、英語学習そのものを相対化し、反省的に考える人も増えてきます。中津燎子さんの『なんで英語やるの?』(一九七四)がベストセラーになったのはこの時期です。そうした蓄積は英語教育関係の研究にもいかされ、近年では寺沢拓敬さんの『「なんで英語やるの?」の戦後史』(二〇一四)、『「日本人と英語」の社会学』(二〇一五)といった一連の著作にも結実しています。

こうした歴史的経緯を見わたしたうえで、中井弘一さんは、日本の国力があがると英語熱が冷め、逆に低迷衰退すると英語熱が上がるというサイクルがある、という興味深い見方を提示しています（「高等学校における「英語の授業は英語で行う」についての一考察」三五）。現在の日本はバブル崩壊後の長期低迷期にあるため、すぐに「グローバル化」とか「英語化」といったレッテルに飛びつきたがるという。ただ、日本人に独特なのは、英語熱を支えるのが「日本人は英語ができない」というコンプレックスでもあるということです。

日本人は叱られるのが好き？

英語関係の本のベストセラーの代表と言えば、マーク・ピーターセンさんの『日本人の英語』（一九八八）です。私の持っている数年前の版でも、すでに六〇刷。今でも売れ続けているので一〇〇刷も間近でしょう。たしかに読んでみるとおもしろい。いかにも日本語話者が犯しそうな間違いをうまくクローズアップしている。でも、ピーターセンさんの指摘はちょっとハイレベルです。きっと英語の勉強をはじめたばかりの中学生が読んでもそれほどおもしろくないでしょう。でも、「ちょっとハイレベル」だからこそ、英語をある程度勉強したことがある人にとっては耳が痛い。高学歴者ほど、「オレの英語はちょっとしたものだと思っていたけど、ああ、まだまだだなぁ。さすがピーターセン先生」と思う仕組みがこの本には備わっているのです。

私たちは「ああ、あたしはまだまだまだなあ」と思うのがとても好きです。そして、そう思う人ほど、勉強する。それを支えるのは、安心して平身低頭できる権威でありシステムです。つまり、「ほんとうの英語」はまるでお父さんお母さんのように、あるいはお寺のお坊さんのように、いかにも徳の高そうな立派な佇まいをしている。私たちはその前にひれ伏すことで、安心を味わうことができるのです。これが日本における「勉強」の定型的なパターンでした。

おもしろいのはピーターセンさんがアメリカのウィスコンシン州の出身だということです。「正しい英語」という概念は、多くの移民が流入し、さまざまな訛りが飛び交う東海岸や西海岸の都市部ではあまり意味をなさない。むしろウィスコンシン州のようなところでこそ「正しい英語」は保存されたのです。そういうピーターセンさんが日本という土地で、日本人英語に出遭った成果が、この『日本人の英語』だったというわけです。興味深いです。

「日本人は英語ができない」というコンプレックスを支えてきたのは日本人自身だと私は思っています。日本人は「英語ができない」と言われると、たしかに悔しいけど、どこか安心もするのです。「まだ、だめか」と焦る一方、同時に「もっとやらなきゃ」とも思う。そこにはとても安定した「向上心の構造」のようなものが見て取れます。

なぜ英語ができるとカッコイイのか?

ただ、この「もっとやらなきゃ」の気分が、このところ向上心とは異なるものになってきた。明治時代なら、「英語やらなきゃ」は向上心と分かちがたくむすびついていたでしょう。でも、今はどうか。寺沢さんがデータとともに示しているように、依然として英語を実際に使用する場面にさらされている人はごく少ない。たとえばある調査では、一年間に何らかの目的を持って英語を使用した人は、日本国民の一四・一パーセントにすぎない（『「日本人と英語」の社会学』、八一）。

そういう状況の中で、英語は必要があってやるものというよりは、身につけているとカッコイイものとなっていきます。「英語が必要」という会社経営者もいるけれど、実際には英語ができる外国人を雇ってすませているところも多い。広く世間を見渡すと、英語をすぐに必要とする人は趣味娯楽も含めてかなり少ない。

今や、「まだ、だめだ」や「もっとやらなきゃ」という気持ちを支えるのは、向上心や必要性よりも、「よくわからないけど、何となく欲しい」という消費欲にすぎないということです。マーク・ピーターセンさんの『日本人と英語』を読む人の多くは、この本を読んではじめて「まだ、だめだ」とか「もっとやらなきゃ」といった気持ちを発見するのです。その気持ちは、ヴィトンの広告を見てはじめて、「ヴィトンのハンドバッグが欲しい」という気持ちを発見する心理と似ている。あるいはゴルフクラブの宣伝を見て、「ゴルフの球をもっと飛ばしたい」という気持ちを発見する心理とも通ずる。確固たる理由はない。いずれも出発点は「何となく欲しい」という気分にあるのです。

日本人の九割に英語いらない！と言われながら、それでも欲しいのが英語なのです。不必要かもしれないけど、あれば格好いい。ポケットに入れておけば便利かも知れない。緑川日出子さんの調査では、英語でわざわざ情報を得ようとする若者は、韓国とくらべて日本で著しく低いという結果が出ています。たとえば日韓の高校生を比較すると、「教科書以外の英語の本を、自分から進んで読む」のは韓国では七六・一パーセントなのに対し、日本の若者ではたった二七・四パーセントです（緑川 七四）。

どうしてこういう結果が出るのでしょう。そのすごく単純な答えは、日本語でたいていの用が足りる、ということです。わざわざ英語でメールを書かなくても、日本語の通じる人とやり取りすればいい。わざわざ英語の文章を読まなくても、いくらでも日本語で読めるものがある。こうした英語不要状況はこれからどんどん拡大していくかもしれません。自動翻訳の技術は短期間に驚くほど向上しました。自動音声は、英語でも日本語でも生活の一部になりつつあります。つまり、自分でわざわざ英語の勉強なんかしなくたって、たいていの人は事が足りてしまう。

だからこそ英語ができるのはカッコイイのでしょう。**必要があってやるのはダサい。必要がないからこそ、ぜいたく品としての価値が出る。**シンガポールやインドの人が英語ができるのは必要だからです。英国の植民地だったシンガポールやインドでは、英語によって統治がされ、公用語が英語になった。だから、社会の中で地位を得たかったら、英語を身につける必要がある。

日本ではどうでしょう。遠藤さんや下村さんを見ればわかるように、英語のことなどわかってなくても国会議員になり、大臣になり、しかも何と英語の政策まで主導できる。それだけ日本では英語が不要だということです。不要だから身につかない。しかし、おかげで英語は、およそほとんどの欲しいものを手に入れてしまった日本人が、いまだに手に入れていない数少ない消費材として君臨することになるわけです。

ただ、中にはやはり英語が必要という人もいる。そういう人はどうしたらいいか。英語がわかりたいのにわからない。不便だ！という声が出てくる。そういう少数派の人のためには、やはりきちんとした勉強法が必要です。そういう人にとってネオ４技能主義者の進める政策は害悪にすぎません。次の章ではそのあたりを解説したいと思います。

注

（1）たとえば中森誉之『学びのための英語指導理論――４技能の指導方法とカリキュラム設計の提案』（ひつじ書房）のような研究では、そのあたりにも目の行き届いた提案がされています。４技能ということを言うなら、もっと慎重でよく練られた学習方法の構築が必要です。

第6章

「4技能」看板で英語力が落ちるわけ

日本版「4技能推進論」の歴史

「4技能」という考えに織りこまれているのは、本来は「読み、書き、話し、聞くという四つの技能をバランスよくできるようにしよう」という考えです。これについては誰も異論をはさまないでしょう。でも、これまでの章を読んでいただければわかるように、今回の「4」という看板では、表向きに言われていることと現実との間には大きなズレがあります。この章では、そんな「ネオ4技能主義」がどんな弊害を引き起こすかを説明したいと思います。

日本の英語教育の中で「身につけるべき技能」ということが大きく話題になるようになったのは、四〇~五〇年くらい前のことです。「学校の英語の授業では文法と訳読ばかりで、生きた英語が身につかない」と声をあげる人が出てきたのです。その発端となったのが一九七五年の通称「英語教育大論争」。平泉渉参議院議員（当時）と渡部昇一上智大学教授（当時）が月刊誌『諸君！』を舞台に論争を繰り広げました。たとえば平泉議員は、英語を必要とする人が少ない以上、入試から英語という科目を外すべきだ、入試にあるせいでかえってきちんとした英語が身につかないのだ、少数精鋭の訓練にすべきだ、と主張しています。渡部教授は反論として英語という科目の「知的訓練」としての役割を強調しました。

「実用」か「教養」かという争点がこの頃から明確になり、そうした論争に巻きこまれる形で、文法や読解を批判しつつスピーキングを前面に押し出すための「実用」というキャッチフレーズが流通するようになります。文部科学省はより「実用」寄りのスタンスを強め、そこへコミュニケーション論などを専門とする人たちがそれぞれの思惑とともに関与した結果、中等教育政策はかなり極端なオーラル重視に陥ることになります。今、ネオ４技能主義の人は「文法や読解への偏りを是正するのだ」とばかりに「４技能」を魔法のフレーズのように連呼していますが、これは昔からある区分けにすぎませんし、偏りがあるとするなら、むしろオーラル英語の偏重をこそ問題にすべきでしょう。そもそも「４技能」という言葉はそれ自体として何か新しい方法を示すものではありません。単なる分け方です。魚の「三枚おろし」みたいなものです。日本の英語教育の混乱ぶりは、そういう「４技能」概念の一人歩きにも象徴されています。

たしかに五〇年以上前の英語の授業は訳読や文法が中心で、聞いたりしゃべったりする要素は少なかったかもしれません。しかし、現在は明らかにバランスが逆方向にぶれています。文法や訳読を軽視した結果、大学生はごく普通の文章を読む読解力さえない。きちんとした文法的な把握をおこたり、「何となくわかる」という程度の読み方しか教えられてこなかったからです。これでは情報リソースをもとにした話し合いなどできないし、ましてや英作文となると、構文の概念もなく節とか句といった分け方の基本も知らないため、意味不明の文章しか書けないことが多くなる。教員たちが作文指導で頭を抱えるわけです。

政策立案者の責任転嫁

そういうわけですから、もし今、日本人が「英語ができない」のだとしたら、**その原因はこの二〇～三〇年の文部科学省の英語政策にあると考えるのが自然です。**自民党の遠藤さんや下村さんは「こんな英語では国際競争に勝てない！」と危機感をあおるのに必死なようですが、「英語ができない！」の元凶は国の政策であるオーラル重視の英語教育にあります。しかし、現在の英語政策を進めているのはもともとオーラル英語を推進した人ばかり。そのため、オーラル英語政策の責任が問われることもなく、責任転嫁ばかりがなされる。

かつて『朝日新聞』の連載「英語をたどって：3」には、そうした「責任転嫁」について鋭いコメントが載りました。ちょうど経済同友会がＴＯＥＦＬの導入を提言した時期のことです。経済同友会は、日本企業の人材難は「日本人の低い語学力（英語）にある」として既存の学校教育を批判し、ＴＯＥＦＬを導入すればすべてが変わる、と言い出したのです。この提言に対し、記事の執筆者である刀祢館正明記者は次のような疑念を呈します。

失礼ながら、海外でのビジネスがうまくいかないのは英語教育が悪いから、と他人のせいにしているようにも読める。

自民党や同友会のみなさんが批判する昔の「文法・読解」中心の教育を受けた人たちが、メード・イン・ジャパンを世界に売りまくり、高度成長を実現したのではなかったか。

（中略）

学校英語は20年ほど前に「コミュニケーション重視」にかじをきった。もし経営者のみなさんが「うちの若手の英語は使えない」と思っているとしたら、彼らは「話す・聞く」重視の教育を受けた人たちのはずなのだが。


（二〇一三年一一月八日夕刊）


企業も文部科学省の政策推進者も、自らの失敗からは目をそらし、体よく責任転嫁しようとしているだけに見えます。それがさらに民営化という「業者の都合」と結びついたのが今回の政策です。こんな理由でスピーキング重視政策が推し進められたら、「役に立つ英語」どころか、荒廃した状況が訪れるのは目に見えています。

まず、英語政策失敗の原因が偏ったオーラル中心主義にあるという事実を直視するべきです。ＴＯＥＩＣ等の受験者が増加の一途をたどり、書店にも関連本があふれているというのに「英語ができない」のだとしたら、その理由は何か。明らかに行きすぎた文法・訳読の排除のせいではないでしょうか。オーラル中心主義のために英語のレベルはむしろ落ち、あらゆる学歴層がその被害に遭っています。そのため、将来、英語を必要とするであろう人たちの能力までも低下しつつあるのです。

スピーキング中心主義で英語力が低下する理由

そもそも、どうしてスピーキング中心主義政策のせいでこれほど英語力が落ちてしまうのでしょう。

そのメカニズムをわかりやすく説明するために食事の比喩を使いたいと思います。たとえばみなさんは「おいしいものを食べたい！」と思ったら、どうするでしょう。もちろん、レストランに食べに行くというのも手ですが、毎日外食するわけにもいかないので、やがては「自分の家でおいしいものを作ろう」と思う。ごく自然なことです。ちょうどみなさんが英語をひと任せにせず、自分で使えるようにしたくなるのと同じプロセスです。

では英語を使えるようにするにはどうしたらいいか？

「おいしいものを家で作ろう」と思うと、必要なものややらなければならないことが出てきます。まず、当たり前ですが、水回りの設備が整ったキッチンが要る。ガスレンジとか、電子レンジとか、炊飯器も欲しい。調味料のたぐいも大事です。醤油、塩、砂糖、酒、油、小麦粉、片栗粉……。まあ、どんな料理にも最低限必要なものがある。その次にくるのが具材です。でも、いきなり霜降り肉！　とか、鯛のお刺身！　に飛ぶ前に、たとえば大根おろし用の大根とか、お吸い物に浮かべる万能ネギなどはそろえたい。こうしたものは、いつも冷蔵庫の片隅にあっていい。

つまり「料理を作ろう」と思ったら、何段階かの準備をへる必要があるのです。最初は面倒くさいでしょう。大学生になってアパートでの一人暮らしを始め、いきなり料理を始める人は、たいがい「あれが足りない、これが足りない」と慌てるものです。でも、少し料理をつづけるうちにはじめは膨大に思えた必需品がいつの間にかそろってしまう。気がつけば、「よし、今日はステーキにしよう」「肉じゃがにしよう」と思い立っても、ちょっと肉屋や八百屋に立ち寄れば、すぐに準備が整う状態になっている。

しかし、ふだんから台所を使っていなければ、ステーキ一枚焼くのにも、ホームセンターに行ってガス台とフライパンを買い、油を手に入れ、グレービー用の赤ワインやウースターソースや塩も買って帰らなければならない、となる。いちいち大騒ぎです。

英語を使うのも、料理と同じです。急にはできない。使おうとすれば、必要なものをいちいち用意しなければならない。発音、アクセント、単語、熟語、構文、意味のニュアンス、話題、そして適切な会話のタイミング……。

もちろん会話の場でそういうものを一気にそろえるのは不可能です。だから「ああ〜」とパニックし、「オレは英語ができない！」と叫ぶことになる。料理の準備がない人が「ステーキ一枚料理できないじゃないか！　何のためのキッチンだ！」と騒ぐのとまったく同じです。

おいしいものさえ食べていれば、料理は上達する？

ところがネオ４技能主義を唱える人たちはこう言うのです。

「大丈夫！　まず英語にさらされることが大事。文法知識がなくとも、単語の意味なんか知らなくても、英語を浴びていればいつの間にかできるようになる！　文法とか訳読は害になるだけです！」

これは料理の例で言えば、「大丈夫！　毎日おいしいものを食べていれば、いつの間にか料理はできるようになります。まずは食べましょう。さらされましょう」と言うのと同じです。

「は？」と思いませんか。

これは道具や材料のみにあてはまることではありません。たとえば鉄のフライパンで何かを焼くときは、まずはフライパンそのものをよく熱しておけばくっつかないという基本的な「作法」があります。フライパンを熱した上で、油をひく。ニンニクやショウガは肉を炒める前に弱火で炒めておく、といった作法もある。味付けにも作法がある。和食の場合、砂糖、醤油、酒の割合を一対一くらいにすると、バランスよくなる、ということが知られています。まずここから出発し、そこから「ちょい辛」とか「ちょい甘」などのヴァリエーションを楽しめばいいのです。

これが料理の「文法」というもの。文法は単純に「おいしさ」には直結しないかもしれせんが、大事な土台なのです。こうした文法があればこそ、料理ごとにゼロから準備するなどという不経済なことをしなくても済むようになる。

しかし、ネオ4技能派の人たちは、「そんな暇はない。すぐに料理をつくりたいんだ。よけいな理屈はけっこうだから、とにかくおいしい料理に接するべきだ」と言い張るのです。

汚れ仕事から目をそむけるネオ4技能主義

さて、こうして料理の比喩を参考にすると、よりはっきりすることがあります。「英語は英語

で」を標榜する人たちは、言葉活動の表層しか見ていないということです。ちょうど料理を食べる瞬間の「おいしい！」しか見ないのと一緒です。彼らの目には、ジューシーなステーキや、ほくほくの肉じゃが料理が、まるで天から降ってきていきなりそこにあるように見えている。

残念ながら、料理というものは、道具の手入れや材料の仕入れから始まって、下ごしらえ、実際の加熱、タイミング、味付け、さらには盛りつけまで含めて、さまざまな複合的な要因がそろってはじめて「おいしい！」の瞬間を実現しているのです。

英語でも、単語や熟語の知識はもちろん、それらを組み合わせる構文的な技能からはじまって、内容の把握、焦点の移動などが複雑にからみ合う。人間の脳というのは、よくこんな複雑な作業を瞬間的にこなせるものだと感心します。言葉を使っている当の私たちですら、自分が何をしているのか把握しきれないくらいです。

だから、情報量が多ければ多いほど、ルールやパターンを覚えて効率化することのメリットが生まれる。和食の味付けの法則が「一対一対一」であることを知っていれば、肉じゃがを作るときにいちいち悩まなくてもいいのと同じで、文法知識があれば言葉を使うたびにいちいち悩まなくてもすむ。

ネオ４技能看板のもとでスピーキング重視を唱える人は、文法を教えるかわりにとにかくフレーズを覚えさせてしまえばいいのだと思っているフシがある。すでに引用した本ですが、ネオ４技能主義の伝道師たる安河内哲也さんの『ゼロからスタート　英語で話すトレーニングＢＯＯＫ』を見ると、「間違ってもいい！」「使いながら、覚えていく」というポリシーが中心にあって、それから「堂々とした態度」で「大きい声で言わないと通じない」といったアドバイスがあり、そのあとに続くのはひたすら具体例です。文法的、原理的な説明はほとんどありません。
たとえば「自己紹介」のセクションでは、I'm a(n) [　　] という「テンプレート」を示した上で、職業・立場の「置き換え単語例」が次のように何十個もならんでいるばかりです。

high school student／elementary school student／junior high school student／undergraduate／freshman／sophomore／junior／senior／new recruit／housewife／writer／teacher／accountant／company president／civil servant

（以下略　二五）

何という非効率的な作業でしょう。フレーズを覚えるのだって、背後にあるルールを知っていればはるかに能率があがるし、その後の応用も可能になる。同じ時間をかけても、脳が処理できる量は飛躍的に増えます。単語を覚えるときも、文脈や相互の関係づけをした方が効率がいい。ところが安河内さんのご指導は、「大きい声で！」などと威勢はいいけれど、実質は旧来の丸暗記型の単純学習と同じです。
ここに欠けているのは何でしょう。再び料理の比喩を使って言えば、それは**「作り手」の意識**ではないかと思います。当事者意識と言ってもいい。「おいしい料理」のまわりに漂う「おいしさ」ばかりに目がいき、「それは誰かが作ってくれたから、はじめておいしい料理となったのだよ」というところに目が行かない。

流麗な英語でしゃべる人を見て「すごいな！」と思うのは、まあ、けっこうです。しかし、その流麗さばかりに見とれ、表層部分だけを真似しようとしても、ぜったい望んだものは得られません。流麗さの裏にはいろんな面倒な手続きがあるのです。**脳は汚れ仕事をたくさんやっています。**その汚れ仕事をより効率良く行うために、いろいろな工夫もしてきました。汚れ仕事を生徒にやらせるために、日本の学校の先生はがんばってきました。ところが、一部の政策担当者が「英語の授業は英語で」などという安い看板を掲げ、「もういいよ。「おいしい」とこだけでやろうよ」と言い始めたわけです。

汚れ仕事はぜったいになくなりません。新しく言語を学ぼうとするなら、必ず面倒な作業が必要だし、努力してあれこれ覚えたり考えたりする必要がある。**極楽色の英語学習などありません。ネオ4技能派の浮かれた「バブル」に惑わされて損をするのは、生徒のほうです。**

中身のない巨大なブラックホールとしての「4技能」

ネオ4技能主義の大きな欠陥は、「4」というかけ声にこだわるあまり四つの技能の扱いがばらばらになるところにもあります。四つの技能を別々にテストする外部試験の導入を主張するところにそれがよく出ています。外部試験の導入が先に念頭にあるからこそ、「4」にこだわったのではないか、と考えたくなるのもそのためです。

ある程度英語教育に携わった人なら、こんな単純なキャッチフレーズで英語教育に画期的な変化がもたらされると考えるわけはない。今回、ネオ4技能主義を推進した安河内さんや松本茂さんはいわゆる「英語教育」の専門家ではないとはいえ、少なくとも英語関連のメディアで活動してはおられる。日本における英語の「現実」はわかっているはずです。それなのになぜこんなおかしな主張を？　というのが私の疑問でした。

今回の政策が発表され、メディアに「大学入試が４技能化」という見出しが踊ったときも、メディア関係者を含め、多くの人が「何それ？」と思った。私の周囲で英語教育にかかわっておられる方ですらそうです。そもそも「４技能」という概念には何も新しいものはないはずだからです。どうしてそれが英語教育を画期的に変える、などと言い張れるのでしょう。

善意に解釈すれば、きっと今まで誰も考えたことのないような驚くべき新方式が、安河内さんや松本さんの唱えるネオ４技能主義にあるのではないかと期待したくなる。それはいったい何だろう。もしそれが役に立つなら是非参考にしたいと私も思いました。

しかし、探しても探しても、新聞報道を見ても、特に変わったことは書いていない。単に外部試験が導入されると四つの技能にわけたテストになって、今までなかったスピーキングが加わりますよ、という程度のことです。安河内さんと松本さんが４技能をめぐって対談しておられるネット上の記事を見ても、以下のように「４技能、すばらしいですね！」と讃辞が並べられるだけで、実質的なことは書いてありません。

松本：平成28（２０１６）年２月実施の一般入試の一部で４技能外部試験を導入する方向で検討しています。

安河内：もう公表されているのですか？
松本：正式にはまだです。
安河内：ＴＯＥＦＬ　iＢＴ（Internet-Based Testing）、ＩＥＬＴＳ（International English Language Testing System）、ＴＥＡＰ（Test of English for Academic Purposes）、ＧＴＥＣ ＣＢＴ（Global Test of English Communication Computer Based Testing）と、４技能型の試験が全部換算できる形ですか？
松本：はい、その方向で検討中です。
安河内：すばらしいですね！

（「おとなの基礎英語」松本先生は英語が苦手？　日本の教育を変えるキーマン 松本茂（１）」http://manebu.net/list1/?category=&det_id=18671 より）

こんな会話が延々とつづくだけです。これでは話にならない。彼らが今こだわる「４」にはいったいどんな意味があるのか。そもそもこれはいったいどういう政策なのでしょう。

たとえば「４技能」というキーワードで検索すると、「英語４技能試験情報サイト」(http://4skills.jp) というのが出てきます。こうしたサイトの多くは、実際には第３章でも示した「利害関係者」が運営しており、いかに「４技能」ブームが自作自演かがよくわかります。このサイトでもいかに４技能がすばらしいかを見せつけんばかりに、自己祝福的な見出しやバナーがならんでいます。

カタカナが氾濫する「4技能サイト」

ところが、「じゃあ、4技能って何?」「今までのやり方とどこがちがうの?」という問いへの答えをさがそうとすると、出てくるのは「TOEFL iBTを利用して授業を行っています」という程度のことです。では、TOEFL iBTを利用した授業とは?とページをめくると、出てくるのは以下のような説明です。(http://4skills.jp/selection/casestudy/mikunigaoka_hischool.html)

たとえば「リスニング」の授業については以下のような説明があります。

TOEFLのリスニングの音声は、日本で英語教育を受けてきた生徒にとっては大変スピードが速いものです。まずその速さに慣れるため、徹底的にTOEFL ITP(団体向けTOEFLテストプログラム)の問題を使いディクテーションと音読(リピート、オーバーラッピング、シャドーイング、リプロダクション)を行いました。まだまだ始めて数カ月で個人差はありますが、スピードにはほとんどの生徒が慣れてきた印象があります。1学期は授業の中でリスニングの学習方法を身に付け、2学期は自分で学習するように移行していっています。

年配の方は「オーバーラッピング」とか「シャドーイング」という耳慣れない用語があると、立派なことがなされているように感じるかもしれませんが、これらは昔から英語の授業でごくふつうに行われていました。要するに、お手本となる音声に音をかぶせたり、それをオウム返しで繰り返したりといった練習です。百年くらい前から実践されていたことばかり。ある時期からはLL教室などで行われるようになった。私が中学生だった一九七〇年代にもこうした授業はありました。

そもそも上記にある「スピードが速い」という考え方には根本的な誤りがあります。この点についてては別のところですでに書いたので深入りはしませんが[1]、この程度の理解で画期的なリスニング力の向上が見こめるといわんばかりに開き直っている状況は、正直言って誇大広告としか思えません。

「スピーキング」の方では次のような「実践例」があがっています。

スピーキング力を育成するには実際に英語を口に出さなければなりません。授業でそれを可能にするためには、間違えても英語を話していいのだという安心感を生徒に与え、互いに英語を話そうとする雰囲気をクラスにつくることが何よりも大切です。そのために、毎授業で身近なテーマでの2分間フリートークを行っており、当初のルールは『話を途切れさせないこと』だけです。1学期間続けることで、生徒の発話量はかなり増え、英語を話す雰囲気作りができました。さらに、2学期は、TOEFL iBTで必要とされる、内容をまとめ1人で話し続ける力を付けるために、フリートークの内容をリテリングしたり、類似のトピックを1人で45秒スピーチしたりする取り組みも始めています。今後も同様の活動を継続しながら、少しずつ実践的な問題にも取り組みます。

これも「フリートーク」とか「リテリング」といったカタカナを使うと何となく立派に聞こえますが、ポイントとしては「声に出す」「話し合った内容をまとめさせる」「発表させる」ということです。「英会話」と名のつく授業では、この程度のことはずっと前から行われています。私も二〇年くらい前に大学の授業でやったことがあります。

さて。噂の「４技能」というのはこれだけなのでしょうか。これで終わりなのでしょうか。

「4」の誇大広告に頼る団体

ちなみにこの「英語４技能試験情報サイト」はぱっと見ただけではその運営主体がよくわからないのですが、よく見ると「懇談会について」というページがあり、そこに例の「利害関係団体」がずらっとならんでいます。それがあまり表に出ないようになっているのは、「なんだ、これは宣伝なのか」と思われてしまうからでしょう。

つまり、こうした「４技能」関連のサイトは、たいてい試験業者や業者試験対策を行う予備校業者が運営しているということです。たとえば「新テスト・英語民間４技能試験対策サイト」というものがあります。(http://www.fourskills.jp/new-english-education-in-japan-2020)。ここはある大手予備校の経営者が役員に入っており、実質的にはその予備校の傘下にあるようです。このサイトのやり方はかなりひどくて、トップページには「今までの授業では通用しない!?　４技能が重視される今後必要とされる英語教育とは?」と、いかにも受験生やその父兄の不安をかきたてるような見出しをならべています。ところが、実際には「４技能」なるもののどこがどう画期的なのか、具体的な説明などない。単に試験が四つになる、スピーキングが加わるという程度のことだけです。受験生はほんとに気の毒だと思います。「4技能がくる！　たいへんだ！」と散々あおっておいて、でも、どこを見てもその「4技能」の正体がわからない。

それもそのはず。「4技能」にはとりたてた実態などないのです。「4技能」は巨大なブラックホール。英語教育をめぐる日本人のコンプレックスと不安を最大限に利用し、英語バブルをあおろうとする方々の思惑の産物にすぎません。文部科学省という役所は、若い世代の学習に対する不安をあおることを目的にしているのでしょうか。そうやって英語マーケットの業者に利益を供することを目的としているのでしょうか。

しかし、「はじめに」でも述べたように、ここでひとくくりに「文部科学省」という言葉を使うことには注意した方がいいでしょう。役所といえどもそれを構成するのは一人一人の人間です。文部科学省の中には見識のある方、優秀な方がたくさんおられます。部局が異なると、今回の政策について十分に把握していなかったり、事の背景を十分理解しておられないということもあるでしょう。しかし、だからこそ役所としての良識を発揮して、日本を教育の荒廃から守っていただきたいと思います。

注

（1）阿部公彦「『英語はしゃべれなくていい』は珍説か？」参照。

第7章 安河内哲也さん（ネオ4技能主義の伝道師）と松本茂さん（学習指導要領策定協力者）へのおたずね

安河内さん、なぜ突然「大変身」なのですか？

これまでの章ではネオ4技能主義の中心となった安河内哲也さん、松本茂さんといった方々の個人名をあげさせていただきました。お二人とも熱意に満ちた方だということはよくわかります。でも、おっしゃっていることにはあまりに矛盾や誤解が多い。それがわざとなのか、政治に利用された結果なのか、私にはわかりません。

安河内さんには英語関係の何十冊という膨大な著作があります。たいしたものだと思います。でもそのほとんどは長文読解などの受験テクニックを説くもので、一つとして「4技能」の理念を語るものはありません。安河内さんは二〇一二年に「財団法人　実用英語推進機構」なる団体の理事に就任されたとのことで、このころからにわかに「4技能」ということを口にされるようになりました。ちょうど同じ頃、当時の下村博文文部科学大臣の命で有識者会議のメンバーにもなられた。

そもそも安河内さんは英語教育について、いったいどういった考えをお持ちなのでしょう。

たとえば『安河内の新・英語をはじめからていねいに』といった著作の頁をめくると、標語らしきものはならんでいます。ただ、それは「成績のいい受験生の何倍も勉強しろ！」とか「ラクをしようとするな！」とか「睡眠を削りすぎるな」といったとてもベーシックなアドバイスばかり。それにつづくのは、どの受験参考書にも書いてあるような文法事項の説明だけです。特徴があるとすれば、口語調のくだけた語尾くらいでしょうか。

節は、主語（S）、述語動詞（V）をもった言葉のかたまりだけど、文の一部にしかすぎないものを指すんだ。節も文も同じで、これからSVという記号で表していくからね。

（三〇）

「あれれ？」と思う人もいるかもしれません。学校英語から文法を排除し、「英語の授業は英語で」というポリシーを掲げているはずの人が、御著作では旧来の文法事項をほぼそのまま伝授しようとしている。そうしないと売れないからでしょうか。特徴があるとすれば、「指すんだ」とか「からね」といったなれなれしい言葉遣いくらい。

ネット上には「英会話がんばろう！」と声をあげる安河内さんの動画がいくつかあがっています。たとえば第1章でも触れた「安河内哲也先生の〝英語が得意になる3つの教え〟」（AERA ENGLISH https://www.youtube.com/watch?v=BtRGuxomXNQ）では、『ゼロからスタート 英語で話すトレーニングBOOK』の「間違えてもいいぞ」「ジャパニーズイングリッシュでいけ」といった売り文句を実践するかのように、わざと「ジャパニーズイングリッシュ」で一生懸命語りかける安河内さんのお姿を見ることができます。

たしかに安河内さんのエネルギーは相当なものです。しかし、なぜ今さら「4技能」を連呼するのか。安河内さんの言う「4技能」と、昔からある「4技能」はいったいどこが違うのか。どこをさがしてもその答えが見つからないのです。安河内さんが理事をつとめておられる「財団法人実用英語推進機構」のホームページも、書いてあるのはもっぱら「下村博文文部科学大臣により「有識者会議」の委員に任命されました」といった類いの宣伝なのです。

安河内さんはあちこちで英語教育について発言しておられますが、そこでおっしゃっているのは「すぐやらなきゃ」「グローバル化だよ」「日本の英語教育を世界水準に」といった売り文句です。正直言って場当たり的に、耳に心地良いことを言っているだけにしか聞こえません。CEFRなどのヨーロッパ発の指標を掲げるのもお好きなようですが、これも連呼するばかりで実態の説明はないし、この指標を日本の英語教育に持ちこむことの意味など考えた形跡もありません。あるのは硬直した「世界水準」といったかけ声だけ。

しかし、「日本の英語教育を世界水準に」というようなフレーズのトンチンカンさは、ほとんど説明するのもバカバカしいほどではないでしょうか。たとえば「ノーベル英会話賞」とか「国際英語力賞」とか「国際納豆ご飯賞」といったものがあったらみなさんどう感じるでしょう。さすがに「あれ？　なんか変だぞ」と思うのではないでしょうか。「日本の英語教育を世界水準に」の愚かさはこのレベルです。それぞれの国の実情を無視して、「世界一」とか「世界レベル」といったことを連呼してどんな意味があるのでしょう。ましてや問題になっているのは、言葉です。言葉について少しでも時間をかけて考えたり、悩んだりしたことのある人は、こんな浅いことは言わないのではないかと思います。

もし日本人が外国語の学習をしてもなかなか上達しないとしたら、その一番の理由は国内で日本語の力が圧倒的に強いからです。異なる言語集団が併存する国では、媒介となる第三の言語が必要になり、その普及率があがる。植民地となった経験のある国では、支配者側の言語がいきわたる。すでに触れたようにインド、シンガポールなどがその最たる例です。

「英語」や「世界」を絶対視して疑わないこうした姿勢こそ、ある意味ではもっとも「世界標準」から遠いものだと言えるでしょう。「流麗でなくてもいい」と言いながらも、やはりそこには外国語＝英語と信じ、「ぺらぺら英語」に憧れる時代遅れの英語崇拝者の像が見て取れます。しかし、残念ながらそんな「世界水準の英語」などもはやどこにもないのです。

「楽しさ」を拒絶する権利を忘れないでください

今、安河内さんの「熱心さ」と「エネルギー」に触れましたが、ここにはより大きな問題があります。安河内さんの明るく楽しいスタイルが一部の若い人に人気なのはよくわかります。予備校などでこうしたキャンペーンを張っていただくのはすばらしいと思う。是非、どんどんカリスマ化していただけばいい。ただ、公教育の場でこうしたお仕着せの「楽しさ」や「明るさ」が強制されることに私は違和感を持ちます。

今回のネオ4技能政策のウリであるスピーキング重視を私が警戒するのも、スピーキング推進派の人たちがしばしばこの「楽しい幻想」を掲げることに何の疑念も抱かないからです。

たとえば安河内さんはこうした話を聞いたことがあるでしょうか？　ある大学の授業で（高校ではなく大学であることに注意！）、学生にスピーキングによる発表をさせようとしたら「一人一人別室でやってほしい」という希望が出たというのです。理由は「恥ずかしいから」。

ええ！　と思う人もおられるでしょう。スピーキング大好きな安河内さんなら、一言「まったくわからない……」と呟かれるかもしれません。たしかに私の勤める大学でも、テクストを音読させるとネイティブスピーカーなみの発音ができるのに、それをわざとジャパニーズイングリッシュ風に発音する学生がけっこういるのです。

もちろんこうした学生の反応は褒められたものではありません。しかし、これが現実なのです。安河内さんのまわりに集まるのは、そもそもスピーキングが好きだったり、英会話に興味を持っていたりする人なのです。そういう生徒の陰には、このようにスピーキングアレルギーを持つ学生がかなりいる。後者の学生は安河内さんの動画を見て「ウ×い」「××じゃねえの？」と思ったりするのかもしれません。もちろん、誉められたことではありません。

ただ、私が同時に思うのは、さながら自己啓発の専門家のように耳に心地良いことをおっしゃる安河内さんがかかげる「楽しさ」や「英語好き」を**拒絶する権利**を、生徒から取り上げるわけにはいかないということです。そうした距離感や、シラケや、恥ずかしさが、ひょっとすると批判精神や分析力、「主体的に考える力」とも後に結びついてくるのかもしれないのです。文部科学省はそういう力を育てたいと言っているのではないでしょうか。

ネオ４技能派が推進するスピーキング重視政策は、「明るく積極的に人前で話そう」という考えとセットになっています。言ってみれば「明るさ」の強制。**朗らかで、楽しそうであれ、というふうに「情緒」を押しつけてくる。**こうした**感情のイデオロギー**は危険であるだけでなく、おそらくかなりの生徒の疎外にも結びつくでしょう。もちろん明るく楽しい性格の人は、どんどんそこを伸ばしてもらえばいい。しかし、それを何十万という生徒に強要するのは、**感情ファシズム**ではないでしょうか。

学校教育の中で結果的に「楽しさ」が生まれるのはすばらしいかもしれませんが、所詮それは「気分」です。「気分」ほどあてにならないものはない。「気分」をめざして授業をやっても裏切られるだけです。ましてやこれは幼稚園の話ではない。中学校や高等学校で教育者がめざすべきは**「楽しさ」ではなく、「おもしろさ」「興味深さ」**ではないでしょうか。

安河内さんの動画を見て「明るく堂々と話すことはいいことだ！」と信じてしまう生徒さんには、私はいささかの危惧を持ちます。そういう生徒さんは将来カルトなどにはまってしまわないでしょうか。安河内さんご自身はとても人なつっこそうで、私も個人的に知り合いになれたら楽しいかもしれないなとも思います。アメリカにはホイットマンというすごい詩人がいます。安河内さんにはひょっとすると、ミニホイットマンか、ミニミニホイットマンのようなところがあるのかもしれない。私はホイットマンという詩人の作品がとても好きで、授業でもよく取り上げます。ただ、こういう押しつけがましい詩人が苦手の学生も多いようで、半分くらいの人は拒絶反応を示します。まあ、健全なことだな、とは思っています。

松本さん、どうしてこうなっちゃったんですか?

つづいて松本茂さん。こちらはもう少し厄介です。

高等学校の英語教科書に冠されている「コミュニケーション英語」というタイトルをご存知でしょうか? ふつうに考えると、要するにオーラル英語の教科書なのかな? と思いたくなるところ。しかし、そうではないのです。ちゃんと別に「英会話」というのもある。しかも、なぜかこの「コミュニケーション英語」にはライティングやリーディングも入っている。変だなあ、と思うわけです。

このタイトルのせいで父兄や生徒、さらには教員の間に戸惑いが広がっていることはご存じの方も多いでしょう。もともとこうした教科書にはふつうに「英語Ⅰ」とか「英語Ⅱ」といったタイトルが冠されていました。しかし、いつの間にか「コミュニケーション」なる語が指導要領に頻出するようになる。

その起源は一九八九年告示の学習指導要領にある「コミュニケーション重視の英語教育」に遡ることができます。以来、「コミュニケーション」の名のもとに学校の英語教育はずっとオーラル重視の看板を掲げてきました。

しかし、指導要領に「コミュニケーション英語」なる曖昧で不安定な用語を入れたことは、さまざまなひずみを露呈させることになります。そもそもオーラル英語だけで、英語力が完結するわけではないし、読み書きと連動させずに純粋な「会話力」など磨けもしない。オーラル重視を標榜するための「コミュニケーション」という言葉が、そういう矛盾や誤魔化しを含んでしまったのです。指導要領の執筆者たちは、そこに理屈を添えるべく腐心するようになる。

この矛盾を含んだ「コミュニケーション」主義を支えるべく頑張っておられるのが松本茂さんです。以下、松本さんのコミュニケーションに関する文章を素材にして、そのお考えについて検証してみたいと思います。

松本さんには共著ながら『英語ディベート 理論と実践』（二〇〇九）という御著書があります。第一部は松本さんのご執筆です。ディベートの基本について、修士論文で扱われたことなのでしょう、丁寧に紹介しておられる。地味で好感の持てる書物です。なかなか本にしてもらえなかった、という話も共感を誘う。

ただ、驚いたのは、この御著書の中で松本さんが、会議などで「そんなのやってみなきゃわからないだろう」と豪語する人を揶揄しておられることです。松本さんは「ディベートを少しでも経験したことがある人であれば、「エッ！」と思うであろう」とおっしゃっておられます（一五）。でも、今回の政策では、その松本さん御自身がこの「やってみなきゃわからないだろう」という姿勢で事を進めておられる。有識者会議の議事録でも、とてもディベートの専門家とは思えないほど、議論拒絶の姿勢をとっておられる。

どうしてこんなことになってしまったのでしょう。

たとえば『生徒を変えるコミュニケーション活動』（一九九九）で松本さんが担当されている第1章「コミュニケーションのための英語教育とは」は松本さんの考え方と方法論を知るのにたいへん参考になるものです。

この文章を読んで私はかなりびっくりしました。今回の政策を進めるにあたって松本さんがおっしゃっておられることとまったくそぐわないことや正反対の意見が出てくる。通して読んでみると、当面の批判を避けるためのパッチワークの集積で、最終的に何を言おうとしているのか不明のところが多いし、そもそも矛盾だらけの議論展開で、これが入試の小論文の答案だったら、とても合格点はもらえないだろうなとも思いました。

その一番の原因は松本さんが「コミュニケーション」という言葉をきわめて粗雑に濫用し、読者を混乱させながら話を進めているところにあります。その話の流れを概略として示すと次のような感じになります。

①まず松本さんは「コミュニケーション」という語をステレオタイプに基づいた情緒的な意味で使います。冒頭の一文はこうです。

小学校高学年から高校生に至るまで、目が輝いている生徒・児童が少なくなったような気がして心が痛みます。（一）

え、そうですか？　と私は思います。目が輝いている子、いくらでもいません？　しかも小学校から高校までぜんぶ？　ずいぶんと一網打尽のまとめようで、これが学習指導要領の策定にあたって中心的な役割を果たした方の感想なのかあ、と思うと、ちょっとたじろぎます。何だか変にナルシシスティックで抒情的というか……。

このあと、松本さんは「現代日本の荒廃は人と人との「かかわり」が足りないせいだ」と嘆いてみせます。近所の人たちともあいさつをかわさないし、子どもは部屋にひきこもってテレビゲームばかりで、キャッチボールさえしない。なるほど。証拠はないようですが、きっと松本さんのご近所さんはあいさつしてくれないのでしょう。キャッチボールをしないのはよくない、と私も思います。

ただ、注意したいのは、ここで持ち出される「コミュニケーション」という語に明確に価値判断が入っているということです。コミュニケーションは「善」であり、その欠乏は社会に不幸をもたらす。おそらく反対する人は少ないでしょうが、言うだけなら誰でも言えることでもある。

②ところがまもなく松本さんは行動学者のアーヴィング・ゴッフマンらの「パフォーマンス理論」を下敷きにしつつ、アカデミックなコミュニケーション概念をちらっと出します（四）。そして——このあたりが松本さんのアクロバティックというか、はっきり言うと支離滅裂なところなのですが——このコミュニケーション概念がいつの間にか先ほどの情緒的で通俗的な「善なるコミュニケーション」と重なってしまうのです。

松本さんが参照しておられるのはゴッフマンの『行為と演技　日常生活における自己呈示』（一九七四）で、おそらく松本さんが修士論文の準備を通して勉強された成果なのでしょう。でも、残念ながらそこには、松本さんが便利に使っているような「コミュニケーション＝善」とか「現代日本の荒廃は人と人とのかかわりのとぼしさからくる」というような単純なコミュニケーション観はありません。松本さんはほんとうに一頁でもゴッフマンを読んだのでしょうか？　あるいは孫引き？

ゴッフマンは今や人文学ではフーコーやハーバーマスらについでよく引用される学者なので、その考え方やアプローチに馴染んでいるひとも多いかもしれません。言語活動を、社会活動のコンテクストの中でとらえるというのがその特徴の一つで、人はどうやって自分の印象をコントロールしようとするか、といった日常生活の中の「戦略」を興味深い切り口で分析したりする。今松本さんが参照したと言っている『行為と演技』では、意識的な演技と無意識的な演技の違いにフォーカスをあてつつ、人がいかに戦略的に「偽装」したり「嘘」をついたりしながら自己イメージを保とうとするかを、まったく価値自由に（つまり、「善い」とか「悪い」といった価値判断とは結びつけずに）分析しています。

さて。そんなゴッフマン的な社会学が「小学校高学年から高校生に至るまで、目が輝いている生徒・児童が少なくなったような気がして心が痛みます」などという無反省な述懐とどうやって結びつくのでしょう。ほんとうに愕然とします。松本さんはゴッフマンの理論を「人生は舞台であり、そこにはいろいろな場面と台本があり、特定の役柄を演じる人がおり、その演技を鑑賞・評価する観客がいる、という発想」だと要約したうえで、「いろいろな場面や役柄を与えてあげ、あるいは自分でそれらを獲得することを大人が手助けしてあげることが大切です」とか「中学・高校生が、いきいきと自分の役柄を演じるには、そのこと自体が楽しくなくてはなりません」といった話につなげていきます。しかし、そんなことがゴッフマンのいったいどこに書いてあるのでしょう？「コミュニケーション論」を専攻されている方がみんなこんな奇天烈な論理で話を進めているとは思えませんが、万が一、松本さんの言うこういう「コミュニケーション」概念が、日本で行われているコミュニケーション論という学問の中核にあるとしたら、これは悲惨としか言いようがありません。とてもアカデミズムを名乗る資格はないです。

どうやらこの文章では、「抒情派松本茂」と「アカデミック松本茂」という二人の語り手が併存しています。そして現代日本の諸問題について嘆く「抒情派松本茂」が、突然「アカデミック松本茂」に変身して、受け売りの知識でコミュニケーションについてアカデミックめかしたことを言い出したりする。「アカデミック松本茂」によれば「コミュニケーション」の定義とは「言語あるいは非言語によるメッセージの交換を通して、お互い意味を創出し、伝え合うこと。社会との結びつきを作り、保つ行為」となります。

どうでしょう。「意味の創出」と言われてもぴんとこない方も多いと思いますが、これはもともとの考え方としては、人間の文化活動全般を「コミュニケーション」という視点から捉え直すという試みから出て来た定義で、別に松本さん独自の視点というわけではありません。背後にはゴッフマンをはじめ、いろんな人の研究がある。はっきり言うと人文系の学問はすべてこの枠に入りますし、理系の学問でさえこの枠に入れることが可能なほど、広い概念だと言えます。後にも触れますが、こうした概念は一時は文化記号論などとしても知られていました。ゴッフマンにも記号という概念は出てきます。

ところがこの壮大でニュートラルな「コミュニケーション」概念は、「抒情派松本」さんにより、いとも簡単に「最近の子どもたちは、自分が住むコミュニティとの結びつきが稀薄である」といった、ひどく通俗的な価値判断と無理矢理結びつけられてしまうのです。

③さらに面白いのは、「アカデミック松本茂」がこのきわめて抽象的な「コミュニケーション」概念を、別の意味の「コミュニケーション」につなげることです。おそらく多くの人は語学のことを語る文脈で「コミュニケーション」と言われると、いわゆる英語学習の中の「オーラル・コミュニケーション」を思い浮かべるのではないでしょうか。松本さんもこの先入観を大いに利用します。そして、いつの間にかこの語学的な「コミュニケーション」が話題の主役となる。それと同時に語り手はついに「英語教育松本茂」に変身しているのです。

さて。この「英語教育松本茂」は、明らかにそこに「オーラル・コミュニケーション」の意味をこめながら、こんなことを言います。「英語を使ったコミュニケーションを楽しむことができない教師（英語が上手いか下手かは直接関係ありません）が、教室で楽しくて意味のあるコミュニケーション活動を展開できるはずがありません」（一八）。こういう風に言われたら、オーラル英語が頭に浮かぶのは当然でしょう。ところが、松本さんはこんどは「英語コミュニケーション活動は英会話ではない」との見出しを立て（一九）、「コミュニケーション活動とは、単に英語を喋っている練習ではありません」と主張します。たいへんわかりにくい議論です。自分でもそのわかりにくさを自覚しているから、こうやって但し書きをつけるのでしょう。松本さんによれば、「学校の存在理由」は「コミュニケーション活動」なしには成立しないそうですが（まあ、あたりまえですね）、ここまでくると話が茫洋としすぎて何も言っていないに等しいように感じます。

松本さんの目的は英語学習を「コミュニケーション活動」に従属させることにあるようです。でも、その説明は終始オーラル・コミュニケーションのイメージに依存し、しかも肝心のところで「楽しくて意味のあるコミュニケーション活動」というような安易な一般化に逃げるので、読んでいる方は一向に理解が進みません。

まとめると、松本さんはこの三〇ページ足らずの「マニフェスト」の中で次のような操作を行ったわけです。これは、私には「論理のすり替え」にしか見えません。

①情緒的で固定観念に縛られた「善なるコミュニケーション」
　↓
②文化活動全般を包含するきわめて抽象的な「コミュニケーション」
　↓
③語学学習の区分けとしての「オーラル・コミュニケーション」を暗示する「コミュニケーション」

どうしてこんな混乱を呼ぶような、ややこしい「すり替え」を行う必要があったのか。少なくとも明確なのは、英語教育の「オーラル・コミュニケーション」と松本さんの掲げる「コミュニケーション主義」とを重ねてみせる必要があったということです。すでに一九八〇年代からトレンドになっていた「オーラル英語主義」を中心にすえつつ、そこに感傷的なコミュニケーション観や、その正反対のゴッフマンの理論やら、手近なものをどんどんつなげて、ひどく曖昧な「コミュニケーション主義」をかかげるのが松本さんの狙いだった。

その背景には、松本さん御自身が専門としているディベートなどの活動を普及させたいというご希望もあったのでしょう。ディベートはコミュニケーション論の一部ということになっているようですが、その中でもごく狭い領域です。しかし、こうして「コミュニケーション」を拡大解釈すれば、ディベートもその中に市民権を得られるかもしれない。

松本さんは、「ふだんから英語が使えることによって自分の生活が精神的にも、知的にも豊かになっていると実感していない教員には「なぜ英語を勉強しなくてはいけないのか?」というシンプルな質問にも的確に答えることができません」と言っていますが、松本さん御自身は答えることができるのでしょうか。本来、謙虚に、かつ意を尽くして説明しなければならないところで、こうしたこけおどしの精神主義を掲げるスタンスには、とてもいかがわしいものを感じます。

「コミュニケーション」とカタカナ語で日本語化した概念を、このように好き勝手に意味をずらしながら使うと、さまざまな混乱が起きるということです。松本さんの文章には、他にもいろいろとおかしな点があるので、この章の残りでは、個別のより具体的な疑問点を列挙する形で話を進めたいと思います。

疑問点（1）現代社会のコミュニケーション不足は英語の授業のせい？　問題のすり替えでは？

先にも触れたように、松本さんはこの文章の冒頭、かなりのスペースをとって、いかに「コミュニケーションの欠乏」が日本の現代社会を荒廃させてきたかを説明しますが、そこからおもむろに英語教育の話に入っていきます。現代の日本ではこれだけコミュニケーションが不足している、だから英語でもコミュニケーションなのだ、という理屈なのです。

？？？と思う人も多いでしょう。なんで現代社会のコミュニケーション不足の責任を英語の先生がとらなければならないの？

逆なら、まだわかります。現代社会の人はコミュニケーションについて鈍感すぎる、だから英語もできないのだ、まずはコミュニケーション能力を鍛えないと英語もできるようにならないよ、という理屈ならまあ納得できる。でも、どうもそうではないようです。

松本さんは「人と社会とのかかわり」こそがコミュニケーションだと強調し日本の学校教育には根本的に問題がある、と主張します（四）。そして最後は、教育は「教員一人ひとりの哲学と力量」にもかかっているのだと威圧的に話をまとめる。他方で、なぜかそこにゴッフマンの理論が無理矢理入れられる。松本さんが推進している「コミュニケーション英語」の核にあるのは、旧来の「オーラル・コミュニケーション」にすぎないのですが、なぜか松本さんはアカデミックな「コミュニケーション」概念をそこに強引につなげたがるのです。アカデミックな香りがした方が箔がつくということなのでしょうか。あるいは何か別の理由が？　少なくともその結果、「コミュニケーション英語」なるわかりにくいタイトルの教科書の中に、ライティングやリーディングも入るということになっているわけです。

この先を読んでいただければわかるかと思いますが、松本さんのレトリックの特徴は、言葉の意味をすごく広げてとらえたかと思うと、急にすごく限定的にしぼったりするところにあります。まさに自由自在です。さすがディベートの専門家というべきか、あるいはこれだからディベートの専門家は、と言うべきか。

疑問点（2）「効率主義」はいけない？

松本さんは先行する英語教育のやり方の批判にも余念がありません。「正解探しの質問」しかしない教師を批判し、「効率主義」「正解（点数）主義」「平等主義」を否定する。これもどこかで聞いたような教育批判ではありますが、それなりに賛同する人はいるのかもしれません。

しかし、そこでふと疑問が湧いてきます。そもそも今回のネオ４技能主義政策は、遠藤さんや下村さんといった国会議員による、「６年間英語やったのに、できるようにならない。そんな英語の授業はいらない」というかけ声によって始まったのではないでしょうか？　これ、まさに「効率主義」ではないか。松本さんはどうお考えなのでしょう？

疑問点（3）「4技能」や「受信・発信」の批判は？

矛盾と言えば、もっと大きな問題があります。この文章の中で松本さんは実は4技能を批判しています。文脈次第でスタンスを変える松本さんなので、間違えて正しいことを言ってしまったのかなあとも思います。あるいはこの文章を書いたころにはまだ、将来「4」のキャッチフレーズをかかげたネオ4技能主義とともに外部試験への委託を進めることになるとは思っていらっしゃらなかったのでしょうか。

該当箇所を引用してみましょう。

> 英語教育学や応用言語学では、コミュニケーションというと「発信」と「受信」を別々に取り扱うケースが多く見られます。中学校・新学習指導要領でも、聞く、話す、読む、書くという4技能別に目標が掲げられています。聞くと話すが別々に表記されていることを評価する向きもあるようですが、別々の技能とすることによって、言語中心になりがちです。しかし、コミュニケーションとは、基本的には「二者（あるいはそれ以上）の間の関係」において発生します。（一三）

あらら。今回の4技能政策の発表とともに、予備校などはさっそく「これからは『受信』ではなく『発信』だよ！」といった広告を打っていることはみなさんもご存知でしょう。4技能の伝道師たる安河内さんのウリも「これからは発信型！」とのかけ声。ところが松本さんは4技能にも、

「受信・発信」という枠にもきわめて懐疑的なのです。いったいなぜでしょう?
このあと松本さんは例のコミュニケーションの定義を引用したうえで次のようにつづけている。

> ここでのキーワードは「意味の創出」です。ただ単に英会話のテキストに書いてあるダイアログを二人か三人で読み合わせるのはコミュニケーションではありません。
> また、人間は一人で生きていけないということを考えると、社会との結びつきを視野に入れてコミュニケーションを定義する必要があるでしょう。特に最近の子供たちは、自分が住むコミュニティとの結びつきが稀薄であることを考えるとこの点は特に重要です。（一二三）

何かまた立派なことをおっしゃる。「最近の子供たち」のことまで心配しておられる。でも、「意味の創出」ってよくわかんない、とも思う。そして冷静に読むと、「必要です」とか「重要です」と言うわりに、あまり実質的なことは出てこないのです。

それもそのはず、松本さんにはここでほんとうに言いたいことなどないのです。その本当の目的は、前ページの引用部の傍線部分まで遡ってみるとわかります。要するに松本さんは「コミュニケーション論」と対立する「英語教育学や応用言語学」を批判するためにだけ、コミュニケーション概念を持ちだしているのです。だからそれはどこにも行きつかない。そんなことをする真の理由は、言語学などの既存の領域に対し、英語教育の中でまだマイナーな勢力にすぎない「コミュニケーション論」をやっている方々の陣地を拡張することなのではないかと思えてきます。

ここで松本さんにあらためてうかがいたいのは、今、４技能や受信・発信についていったいどのようにお考えなのか、ということです。

疑問点（4）「異文化」は専門家しか教えちゃいけない？

松本さんがお得意な「使い分け」の例を、最後にもう一つあげておきましょう。

松本さんは最後の「教員は何をすべきか」というセクションで、英語教員に対して激しい檄を飛ばします。もっと英語をしゃべる機会を持て。海外に行け。イギリス、アメリカだけじゃだめだ、その他の英語圏も非英語圏も行け。さらにこんなことも言います。


そして地元の国際交流会の活動などにも積極的に参加し、日本語学習を支援する必要がある人たちが自分の町に住んでいたら、ボランティアとして日本語を教える活動をするといったコミュニケーションに対する積極的な態度をもちたいものです。（二一五）

うわあ、たいへんだなあ、と思います。高校の先生はただでさえ忙しいのに。しかもここでも例の魔法の言葉「コミュニケーション」が出てきました。ここは「意味の創出」の方でしょうか？ それとも「お話し」？ コミュニケーションっていったい何なのでしょう？ 博愛精神なのでしょうか？

ところが、です。ここまで読んで私たちは、松本さんのメッセージは「教員たるもの、せっせと異文化とのまじわりにせいを出して授業に生かすように！」ということだと思ってしまうのですが、急に雲行きが変わるのです。

「異文化コミュニケーション」「異文化間教育」「多文化教育」などの専門的な知識がなく、関連するトレーニングも受けていない英語教員が国際理解を培う教育をシステマティックに施すのはむずかしいでしょう。往々にしてステレオタイプを刷り込むことになるので危険です。

（一二六）

あれあれ？　と思います。松本さんはついさっきまで教員に対して「異文化」の理解や交流を命じていたのに、急に「専門的な知識」がないといけないなどと言っている。なぜ？　何をさせたいの？　何を守ろうとしているのでしょう。

そもそも「異文化間教育」についての専門的な知識って何なのでしょう。「異文化交流」などというジャンルがアカデミズムに生まれたのはごく最近のことです。対して、異文化接触や異文化交流そのものは太古の昔からあった。

松本さんがこういうおかしな理屈をかかげる理由は少し文章を遡ると見えてきます。

「言語を学習することは文化を学習することである」と固く信じている教員も多いようです。「言語の学習によってその言語が使われている文化についても学習できる」が本当でしょう。

英語を学習するからといって、イギリスやアメリカ文化について学習しなければいけないということでもないし、ましてや、英語教員がそういった文化を教える必要は必ずしもありません。

（二五）

はて。「言語を学習することは文化を学習することである」という考えが間違っていると松本さんは主張します。「え〜。ほんとう?」と言いたくなる。素朴な疑問ですが、言語は文化の一部ではないのでしょうか?　ついさっき松本さん自身が社会活動の一部としての言語活動に注目していたように思ったのですが。あるいはそんなことは関係ないのでしょうか。他方、松本さんは「「言語の学習によってその言語が使われている文化についても学習できる」が本当でしょう」と言う。う〜ん、何でこの二つを一生懸命区別しなきゃならないのか、どうしてもわからない。なぜ、そこにこだわるのでしょう。

続きを読むと松本さんの意図するところがようやく見えてきます。傍線を引いたところです。「英語を学習するからといって、イギリスやアメリカ文化について学習しなければいけないということでもないし、ましてや、英語教員がそういった文化を教える必要は必ずしもありません」。あ、そうか、と思う。と同時に、すごくがっかりします。要するにこれも党派的な話なのです。ディベート論だのコミュニケーション論といった松本さんの周辺の領域を確保するために、「「文化」を教えている教員に「語学」は教えられない!」と主張し、地域研究や文化研究などをしている英語教員を排除しようということのように見える。

さきほどの「異文化交流は専門家でないと教えられない」といった主張も、これと同じ理屈でとなえられていました。「異文化交流の専門家」とは誰のことでしょう？　松本さんの理屈で言えば「異文化コミュニケーション論」を専門としている人ということになるのでしょうか。

でも、さきの社会学・行動学の考え方をきちんと受け取れば（たしかにゴッフマンはすごい学者です）、真の意味でのコミュニケーションの学問は人文学全体をカバーする広大な領域です。目的と状況に応じて文化人類学、言語学、映像研究などさまざまな領域の人がかかわりうるし、そうあるべきなのです。たとえばホロコーストについて論文を書いた歴史学の研究者や、レヴィナスの「他者」についての著作を読みこんだ哲学者の方が、「オレは異文化交流の専門家だ」などと言っている人よりも、異文化について奥行きのある議論をすることができるかもしれない。

都合のいいときはもっともらしく神秘化した概念を広げ、でも、細部になると非常に党派的に振る舞う。困ったものだなあと思います。こういう方が国の政策に大きな影響を持つというのはどういうことなのだろうとあらためて考えさせられるのです。日本の文教政策のほんとうの危機はこういうところにある。

松本さんの言う「異文化交流を専門としている人」というのは、どうやら哲学や歴史や文学や言語を排除したところにしか成り立たないようですが、これはまったくおかしなことだというほかないでしょう。ほんとうは逆なのです。異文化交流にしても、コミュニケーション論にしても、既存の哲学や歴史学などをぜんぶカバーしてやっとたどり着ける壮大な視界が必要なのです。そういう認識なしに、安易に「異文化交流の専門家」などと枠を限定して旗をかかげないでほしいと思います。

この二〇年、英語教育で「コミュニケーション英語」なる区分けが看板となったことで、さまざまな混乱や誤解、弊害が生じてきました。今の英語教育が失敗しているとしたら、この問題含みの「コミュニケーション」概念と切り離すことはできない。その背景にこうした党派性が隠れているとしたら困ったことです。

最後に私の意見を言います。そもそも、「人と人とのかかわり」という意味での「コミュニケーション」のことを言うなら、まずは日本語のコミュニケーションができていないということを考えるべきでしょう。ならば国語の時間で、あるいは道徳の時間でこそ扱うべき課題ではないでしょうか。道徳という授業を、生徒に「規範」を押しつけるための時間だと勘違いしている人もいるようですが、大事なのは規範を守らせる以前に、規範について考えさせ、話し合わせ、納得させることではないでしょうか。

もちろん規範を共有しなければ社会は混乱するでしょう。しかし、規範を押しつけても何も変わりません。道徳の時間で、日本語でも英語でもいい、規範についてディベートさせるのはおおいにけっこうだと思います。たとえば道徳の教科書からパン屋を削って和菓子屋を入れた事件がありましたが、ああした問題をとりあげて話し合わせるのはとてもいい教育効果があります。偏った考えをもった政治家の暴走を許さないための最良のトレーニングです。

松本さんはマサチューセッツ州のアマースト大学でディベート・コーチをされていたとのこと

ですが、そうやって松本さんが海外で苦労して勉強することができたのも、きちんと英語の基礎を学ぶ時間が確保されていたからではないでしょうか。

エリート校での実験的なディベート実践はおおいにけっこうですが、たとえエリート校であってもかなりの数の生徒がディベートという形式に違和感を持つであろうこと、ましてやそれを英語で行うことには拒絶反応を示し、授業が成り立たない可能性があるということは覚えておいてほしい。必ずしも明朗でない生徒や、恥ずかしがり屋でおとなしい生徒に「積極性」や「前向きさ」を押しつけるほど暴力的なことはありません。そういう生徒が表層の価値では測れない能力を隠し持っていても、この「前向きイデオロギー」は彼らの潜在力を圧殺してしまうのです。

第8章 これからの英語学習のための提言

習得には順序がある

この章ではこれまでの批判を踏まえて、私なりに建設的な意見を述べます。まずはやや細かい問題から始めますが、やがて大きなこととともつながってきます。

もしほんとうに四つの技能をバランスよく、かつ効率的に身につけたければどうしたらいいか。何より大切なのは、「習得の順序」だと私は思います。まず考えなければならないのは、英語という言葉の仕組みを身体が受け付けるようにするための土台づくりです。

最近は歯を抜いてしまった人のために人工の歯根をつくる、いわゆるインプラントという治療に人気が集まりつつあります。しかし、歯だけつくっても意味がありません。まずは土台となる、その人自身の骨がしっかりしていないと、いくら新しく歯をつくってもすぐぼろぼろになって抜けてしまう。だからインプラントの場合も、まずは土台のケアから始める。

英語でも同じです。いくら表層的な知識をまぶしても（たとえば英会話学校で鸚鵡返しに会話のフレーズをおぼえても)、その土台となる「骨」が出来ていなければ、そうした知識はどんどん失われるだけ。

ではどうやって土台をつくればいいか。英語の「骨」とはいったい何でしょう。

その答えは「リズム」にあります。リズムとは言葉の運動法則です。実は私たち日本語話者が英語学習で苦労するのも、日本語と英語ではこの運動法則が異なっているためなのです。

日本語でも英語でも、言葉をつくる「音」の数はごく少ないものにすぎません。アルファベットや五〇音であらわせるくらい、限られたものです。だから、別のものを指すのに同じ音を使わなければならないという事態も生ずる。

そんなときにとても大事になるのが、実際に発音された音に表情をあたえる「運動」です。たとえば日本語では音を高くしたり低くしたりする「高低アクセント」を活用して、意味を明確にします。「は・し」という音があるとき、私たちは「は・し」(=箸)というふうに高↓低という流れで発声するか、逆に「は・し」(=橋)というふうに低↓高という流れをつくるかします。必ずどちらかを選択するのです。

ところが英語では、私たちが慣れ親しんだこのような高低アクセントは使いません。そのかわり、強・弱というアクセントがかかわってきます。たとえばcomputerという言葉は、日本語では「コンピューター」というふうに強弱については平坦に発音されますが、英語ではcomputerというふうに下線を引いた部分を強く言うことになります。日本語話者はついフラットに同じ強さで言ってしまうのですが、そうすると英語話者にとってはcomputerという単語には聞こえません。日本語風に強弱なしで発音された語は、computerらしい表情を持たないのです。computerという語がcomputerという語らしく出現するためには、英語の運動法則に沿った表情が与えられなければならない。

意外ときちんと理解されていないのですが、これはbigのように音節が一つしかない単語の場合にもあてはまります。音節が二つ以上あれば、相対的に「強」を際立たせやすいのですが、一言bigという場合でbigというふうに強勢をおくのは難しい。でもそうしないと、相手に通じないことがあるのです。

日本語をあなどるな

少し細かい問題に立ち入ってしまいましたが、今、この「リズム」の問題をとりあげたのは、私たちが言葉の学習をするときには、まずは自分の第一言語にない特徴にターゲットをしぼって学習するのが大事だと思うからです。英語の強弱リズムは、しばしば語学学習では些末なこととみなされ、みなさん、あまり真剣に勉強しない傾向があります。私自身がそうでした。しかし、このリズムのことを理解し、かつ身につければ、その先の文法理解や、作文、読解、そしてもちろんスピーキングの訓練の際にもおおいに役に立ちます。

そういう意味では、英語習得の基礎となるべきはリスニングだと私は思っています。リズムというのはこうして説明すると、単純に思えるかもしれません。内容というよりは形のことなので、あまり知的刺激もないし、軽視されがち。しかし、だからこそ、身体で身につけておくと便利なのです。

学校で半ば強制的に語学の勉強をすることにはデメリットも大きいと思いますが、もしメリットがあるとすると、こうした単純で単調な作業を早い段階で生徒に行わせることができるところにあると思います。大人になって会社員になった頃に、「おいしい料理が食べたい！」と同じ気分で「英語がうまくなりたい！」と思う人は、つい目先の「おいしさ」や「うまさ」に目がいくでしょう。しかし、「おいしさ」や「うまさ」を実現するためには、おいしくもうまくもない、地味でつまらない単調な作業が必要なのです。

でも、大人になって「英語がうまくなりたい！」と思った人は、そんな単調な努力はしたくない。「俺がうまくなりたいのだ！　人生短いのだぞ。つまらない文法や規則はいらないから、とにかく俺の英語をうまくしてくれよ」と叫ぶ。

あーあ、という感じです。遠藤さんや下村さんのおかげで、すっかりこういうわがままな人が増えてしまった。

しかし、こういう現状を見るにつけあらためて感じるのが、大人になって「英語がうまくなりたい！」と決心した人のために、若いうちに準備をしておいてあげることの重要さです。

今、どんな中学でもどんな高校でも英語の授業はある。しかし、「英語がうまくなりたい！」と思っている人は少ない。「うまくなりたい」でなくとも、「英語と接したい」と思っている人も少ないらしい。これは第五章でもすでに触れたことです。でも、これはそれほど驚くべきことではないでしょう。子供時代には他にもっと楽しいことがある。ゲームやスポーツにくらべたら、語学の学習なんておもしろくない。むしろそう感じるほうが健康的かもしれない。小さいうちから「将来必要だから英語をやろう」なんて考えているじじ臭い・ばば臭い子供がいたら、かえって心配になるかもしれません。

でも、大人になると、なぜかみんな向学心が旺盛になる。あるいは必要に迫られて勉強をはじめようとする。

そこで学校の勉強が生きてくる。あるいはそこで生きてくるような勉強を中学や高校ではしておくべきなのです。目先の取っつきやすさで気を惹いたり、「楽しさ」を強制したりするのではなく、きちんと将来の道筋をイメージした学習を学校の側が用意してあげなければならない。

そのためには、英語のリズムの体得を基本にしつつ、これに単語やフレーズの知識の習得、構文の扱い方などを組み合わせるという方法が合理的です。当然、「英語の授業は英語で」などというイデオロギーに無駄にこだわらないほうがいいに決まっています。生徒が身につけるべきターゲットは明確なのですから、形式主義は捨て生徒のレベルや興味の方向に応じた練習を工夫していくべきです。私もこうした形でリスニングを通して英語を基礎から勉強するための本が必要だと長年思っていたのですが、ようやく何とか書けてきたところですので、うまく完成した暁には是非、参考にしていただければと思います。

英語学習の最終目標とは？

出発点は「骨」づくりにある。英語を学習して受け入れるための土台づくりは何よりも優先されるべきだということです。すぐ「×××は無駄だ」「〇〇だけやればいい」というようなことを言う人は、あまり信用しないほうがいいです。どんな学習も無駄にはなりません。土台ができていれば吸収効率はよくなる、土台ができていないためにせっかく勉強しても身につかない気分になることがある、というだけのことです。身についていないというのは錯覚で、勉強したことは後になって土台が築かれたところに一気に花開きます。

　土台から基礎を築き、徐々に建物を組み立てていく。このプロセスは長いものです。そこにどんな工夫を凝らすかも大いに議論すべきでしょう。ただ、ここで考えてみたいのは、その土台と対になるものです。つまり、英語学習の最終目標はいったい何か、ということです。

　これもネオ4技能主義の人に特徴的に見られることなのですが、**四つの技能には明らかに難易度の違いがあるということを言わない**。彼らは――おそらく意図的に――このことを隠蔽しています。教員をした経験がある人ならわかるように、あるいは誰にとっても自分自身の英語学習の経験としても明白ではないかと思うのですが、ライティングほど難しいものはない。相手に効果的に意味を伝えるような英文を書ける能力を身につけるのはほんとうにたいへんなことです。ライティングこそは英語学習の最終到達地点。もっとも困難な「頂」だと言えます。

　しかも日本語のことを考えればすぐわかるように、文章にはさまざまなセッティングがあり、タイミングや相手との兼ね合いというものがあります。一つの文体だけマスターすれば事足りるというわけではない。日本語の文章能力ということを考えても、その状況や内容に応じて書き方を変えることが大事だし、それができなければ書く能力が高いとは言えないわけです。

高校や、それを言えば大学の授業で生徒や学生が書いてくる英文を見たことがある人はどれだけおられるでしょう。文体どころか、そもそも何が言いたいのかわからない。意味を持つ構造物になっていない。最低限の文法的知識がないとこういうことが起きるのです。

日本の生徒や学生の英作文のレベルはこの程度のものです。もっといえば、私も含めて教員の英作文能力だってたかがしれている。自分では何とか文章を書けるかもしれないけれど、生徒の英語を直すとなると、さらなる技術が必要になってきます。単に誤りを正せばいいというわけではない。生徒が書こうとしている目標物を見極めて、適切な方向付けをしてあげたいわけです。すると生徒も「なるほど！」と思う。答案を真っ赤に添削しても、たんに絶望させるだけでは意味がありません。前向きに、「そうか、こうすればいいのか」と思わせたい。そのためには教員にもそうとうな作文力が必要となるでしょう。

しかし、それがうまくいかないとしても、これは決して日本の高校生や大学生の知的能力が低いためではありません。彼らは他にもいろいろ頭を使って学習しなければならないことがある。それほど英語のことばっかり考えているわけではない。それに英語を勉強しようという意欲もそれほど高くないかもしれない。

「実用英語」ではなく「現実の英語」を

問題は、そんな状況でいったいどうすればいいか、ということなのです。「意欲を高めよう」などと単純に連呼しても何も起きないのは明白です。「意欲」というものはそう簡単には生まれない。

そんなことが簡単にわかるくらいならヒット商品がいくらでもつくれるでしょう。人間の関心というものは実に複雑なメカニズムで動くものです。

そんな状況でネオ４技能主義をとなえ、無理矢理アリバイづくりのようにして四つの技能に均等の時間を割り振ったふりをして、いったいどういう意味があるというのでしょう。まず認めなければならない。ライティングは難しい。身につけるのはたいへんである。少ない時間で行えることは限られている。ならば、ともかく〝英作文ごっこ〟を形だけやって、形式的に「はい、４技能やりました！　おめでとう！」などと言っても仕方がない。「４」などというこだわりを捨て、まずは基礎訓練から始める。そして本人の能力と意欲とがかみ合ってきた段階で本格的に作文の実践に取りかかればいいのです。

これはスピーキングにもあてはまります。「六年間やっても会話ひとつできない！」と嘆く遠藤先生の勘違いについてはすでに十分説明したと思います。しゃべることは、作文に次いで難しい技術なのです。かつて中高でしゃべることが後回しになったのはゆえのないことではなかった。だからスピーキングをやる必要はないなどとは言いません。しかし、遠藤先生が「六年間やってもパーティでわいわいやれない」のはまったく当然のことなのです。六年間やってもまともな英文が書けないのだから、英文作成の作業をその場で即興でやらねばならないスピーキングも同じくらい難しい。そこには何の不思議もない。

おそらくネオ４技能主義の人たちは、きちんとしたスピーキングのかわりに、これまたアリバイ作りのような〝会話ごっこ〟や〝ディベートごっこ〟を持ってくることでしょう。たとえば、決まったフレーズを暗唱させるといったことです。しかし、こういういわゆる「ハローハロー英語」はひとたびコンテクストを外れたらまるで役に立ちません。補助輪つきの自転車に乗っているだけです。いや、補助輪なら、それを外せば最終的には自転車に乗れるようになるかもしれませんが、「ハローハロー英語」で会話をマスターしたつもりになっている人は、英語をしゃべることや書くことの「本質的な困難」に直面していないのです。だから、結局は上達しない。

何から始めるべきか?

では、英語をしゃべることや書くことの本質的な困難とは何なのでしょう? それは自分の外にあるシステムを使って自分を表現する、ということの困難です。これは実は日本語でも生じていることなのですが、母語の場合、それを意識することは通常はあまりありません。でも、ふだんとはちがうコンテクストで(たとえば冠婚葬祭など)、ふだんは使わない言葉を使ったりするときに意識される。そういう困難は、むしろ作家やアナウンサーなど、言葉のプロのひとたちのほうが直面する機会は多いかもしれません。それが言葉を専門的に扱うということなのです。

母国語である日本語ですらそうなのですから、ましてや英語ではもっとたいへんです。英語は自分にとって、あくまで外の世界から来たシステム。借り着なのです。竹馬なのです。では、どうしたらいいか。そういう借り着を、まるで借り着ではないかのように自然に着こなすことはできないのか。

練習次第で上達します。しかし、そのために一つ、とても重要なことがあります。それは自分が使っている言葉を、読者として、あるいは聞き手として判断する目（もしくは耳）です。日本語でも私たちはこれをやっているのです。言語とはあくまで他人と共有されるもの。だから、使うたびに「これは果たして、みなが共有するルールに照らしてオッケーなのだろうか？」と検討する必要がある。

日常生活で日本語を使うときには、私たちはいちいち時間をかけてそんな検分作業は行っていません。ほとんど瞬間的に言葉を発したり書いたりしている。しかし、よく反省してみてください。言葉を書くときはもちろん、しゃべるときにも、その直前に一瞬の「間」がないでしょうか？○・○○○一秒くらいかもしれないけど、「こんなふうに言っていいのかな」とか「これからこれを言おう」という思考が働いている。書くということであれば、メールの送信ボタンを押す前に、読み直したり書き直したりしたことのない人はいないと思います。

つまり適切にしゃべり、適切に書くためには、私たちはまずは適切な聞き手であり、適切な読み手である必要があるということです。それができない人は、ただただ言葉をたれながすだけ。実際、不十分なリスニングや読解の訓練しか受けていない人が英語を発すると、しばしば思い浮かんだ単語をならべただけの意味をなさない言葉になりがちです。日本語では自ら聞き手や読者の役を担っている人も、外国語となるとそのことを忘れ行き当たりばったりに言葉を投げてしまう。

だから、あらためて思い出してほしいのです。言葉というものはどうやって発せられるものか。どうやってふだん私たちは自分の言葉を読み、かつ聞いているのか。そのプロセスを意識するだけでも、ライティングやスピーキングの力はぐっと伸びるでしょう。「よし、書けた」と思う前に、一度でいいから読み直す。「これを言おう」と思ったら、それが相手にどう響くかを考える。

こう考えてくると、書いたりしゃべったりする能力を高めるためには、まずは読み、聞く能力が不可欠だということがわかってくるでしょう。表層的なネオ4技能主義にはこうした視点が欠けています。四つ、四つと言っていれば、どれもができるようになると思っている。あるいは少なくともそういう妄想を蔓延させようとしている。これはほんとうに困ったことです。

参考資料

〈紙媒体〉

『朝日新聞』（二〇一六）四月八日朝刊

――――（二〇一七）七月一〇日朝刊

阿部公彦（二〇一五）「『英語はしゃべれなくていい』は珍説か?」『アステイオン』二〇一五年夏号、七五－九〇

大津由紀雄、江利川春雄、斎藤兆史、鳥飼玖美子（二〇一三）『英語教育、迫り来る破綻』ひつじ書房

岡部幸枝、松本茂編（二〇一〇）『高等学校　新学習指導要領の展開　外国語科英語編』明治図書

金谷憲（二〇〇八）『英語教育熱――過熱心理を常識で冷ます』研究社

ゴッフマン、アーヴィング、石黒毅訳（一九七四／一九五九）『行為と演技　日常生活における自己呈示』誠信書房

『産経新聞』（二〇一七）七月一三日朝刊

下村博文、篠原文也（二〇一五）「なぜ主権者教育が必要なのか」『Ｖｏｉｃｅ』九月号

『週刊文春』（二〇一五）「下村博文文科相歪む教育行政〝癒着の構図〟（五）」四月二日号

塚田幸光、ロス・タロック（二〇一七）『ＴＯＥＩＣ　Ｌ＆Ｒテスト　超即効スコアＵＰテクニック１１４』マガジンハウス

寺沢拓敬（二〇一四）『「なんで英語やるの?」の戦後史――《国民教育》としての英語、その伝統の成立

過程』研究社
――（二〇一五）『「日本人と英語」の社会学――なぜ英語教育論は誤解だらけなのか』研究社
刀祢館正明（二〇一三）「英語をたどって：3」『朝日新聞』一一月八日夕刊
中井弘一（二〇一〇）「高等学校における「英語の授業は英語で行う」についての一考察」『大阪女学院大学紀要』七号、三三-五三
中津燎子（一九七四）『なんで英語やるの？――ある英語塾の記録』午夢館
『日本経済新聞』（二〇一七）七月一〇日朝刊
中森誉之（二〇一一）『学びのための英語指導理論――4技能の指導方法とカリキュラム設計の提案』ひつじ書房
松本茂、鈴木健、青沼智（二〇〇九）『英語ディベート　理論と実践』玉川大学出版局
松本茂編（一九九九）『生徒を変えるコミュニケーション活動――自己表現活動の留意点と進め方』教育出版
緑川日出子（二〇〇六）「「英語力」と「日常の英語使用に関する意識」の比較研究（日本・韓国）」『東アジア高校英語教育GTEC調査　二〇〇六　報告書』
安河内哲也（二〇〇九）『安河内の〈新〉英語をはじめからていねいに　①入門編』東進ブックス
――（二〇一七）『ゼロからスタート　英語で話すトレーニングBOOK』Jリサーチ出版
〈ウェブ上の資料〉（いずれも二〇一七年九月二三日に閲覧）
「学習指導要領『生きる力』」
http://www.mext.go.jp/a_menu/shotou/new-cs/youryou/index.htm
「英語教育の在り方に関する有識者会議　議事要旨・議事録・配付資料」
http://www.mext.go.jp/b_menu/shingi/chousa/shotou/102/gijì_list/index.htm

「英語4技能試験情報サイト」 http://4skills.jp
「TOEIC® Program の特長」 http://www.iibc-global.org/toeic/toeic_program.html
“The TOEIC® Tests—the Global Standard for Assessing English Proficiency for Business”（アメリカ版の TOEIC ホームページ） https://www.ets.org/toeic/succeed
「平成27年度　英語力評価及び入学者選抜における英語の資格・検定試験の活用促進に関する連絡協議会名簿」 http://www.mext.go.jp/b_menu/shingi/chousa/shotou/106/maibo/1356126.htm
松本茂、安河内哲也「おとなの基礎英語」松本先生は英語が苦手？ 日本の教育を変えるキーマン　松本 茂（1）」 http://manebu.net/list1/?category=&det_id=18671
「安河内哲也先生の〝英語が得意になる3つの教え〟」 https://www.youtube.com/watch?v=BtRGuxomXNQ

あとがき——時代遅れの「英語ぺらぺら幻想」から脱却するために

今回の英語政策の変更過程を見渡してみて驚くのは、政策推進を声高に主張した方々が、信じられないほど古い固定観念にとらわれているということです。ご自分では改革派を自認しているつもりが、実は五〇年以上前から繰り返されてきた——とっくに賞味期限の過ぎた——「妄想」を再生産しておられる。そのため、有識者会議でも議論はほとんどかみ合わず、昔からあるイデオロギーが振りかざされただけでした。もう少し言葉について、あるいは教育や文化についてじっくり考えたことのある方の意見を聞きたいとつくづく思います。有識者会議がこの程度の「有識者」で構成されるというところに、日本の今の危機がもっともよくあらわれているのでしょう。もちろん、会議を組織した政治家の問題がもっとも大きいのは言うまでもありません。

英語にまつわる固定観念や妄想についてはそれぞれの章で検討したので、ここでいちいち繰り返すことはしませんが、最後にとりわけ重要な点をおさらいしておきたいと思います。

これからは「リテラシー」の時代

有識者会議では、楽天の三木谷さんや安河内さんからしきりに「グローバル人材」とか「国際水準」といったかけ声が聞かれました。そこにこめられていたのは、「国際的に活躍するのは、英語がぺらぺらしゃべれる人だ！」という発想です。

そもそも「英語をしゃべれるようになろう」ということを目標に立てることそのものがどこかおかしいということは本書で述べてきたとおりです。「英語がしゃべれる」という抽象的能力は妄想世界の中にしかないような、へんてこりんな想像物でしかないのです。

「しゃべる」というのは、場があり、相手がいて、かつ必要や欲望がともなってはじめて行為として成立する。ところが三木谷さんや安河内さんは「英語ぺらぺらしゃべり力」を抽象化・計量化できると信じて疑わない。しかもそういう能力は大学入試を変えれば身につけられると考えている。あるいは、国民にそう信じさせようとしている。

そこには戦後まもなくハリウッド映画を通してアメリカから輸入された「朗らかぺらぺらアメリカ英語幻想」の記憶がいまだに混入しているのではないか。私は三木谷さんや安河内さんとほぼ同世代ですが、自分のまわりにもかつてそういう空気があったのはたしかに記憶しています。

少し、冷静に考えてみましょう。

言葉の歴史とはどのようなものだったでしょう。私たちの言葉との付き合い方は時代ごとに大きく変化してきました。かつては書き言葉などなかった。すべて話し言葉でした。4技能どころか、すべてが「スピーキング」と「リスニング」。それが何千年、いや何万年つづいたのでしょう。やがて文字が生まれ、木や石に文字を刻むという技術が発達した。「記録」が発生したのです

人類の知恵はもともとは口伝えで伝達するしかなかったので、大事な情報をきちんと受け継ぐことはなかなか難しかった。それが、「記録」という技術が洗練されることで、知恵の蓄積が格段に進みました。おかげで同じ間違いを繰り返さずにすむようになったし、真の意味での「新しさ」

も注目を浴びるようになりました。

そのあとの展開はみなさんもご存じのとおりです。石や木や羊の皮に刻まれていた文字はやがて紙に書きこまれるようになり、次いで印刷術が発達。言葉の記録は、どんどん機械化が進みます。そしてこの数十年のＩＴ化です。三木谷さんのお得意の領域です。今までは紙に記録されていた情報が、磁気データで記録されるようになった。

こうした経緯をちょっと考えてみただけでもわかるように、人類は**言葉にどう形を与え、どう記録し、どう受け継ぐか**というところにものすごいエネルギーをそそいできたのです。まさにそれが文化であり、文明だった。ＩＴ化もその延長にすぎません。

ということは、私たちが教育を通して次の世代に受け継ぐべき最たるものは、**言葉の持っているメディア性に対応するための感受性**だと言えます。広い意味での「リテラシー」（読み書き能力）です。メディアの形そのものがどんどん変わる中で、その変化を通しても変わらない「**言葉の言葉らしさ**」をとらえる勘のようなものを、少しずつ育んでいくのが教育の真の目的ではないでしょうか。これは国語や英語といった狭い意味での「言語」を扱う科目をこえて、さまざまな分野にあてはまる原理ではないかと思います。

考えて欲しいのは、話し言葉だって音やジェスチャーという「メディア」によって形を与えられているにすぎないということです。それを受け取ったり、逆に発したりするには、リテラシーがいる。つまり、言葉はメディアを介した読み書きのやり取りだという発想を基点にして考えたほうが、はるかに教育も合理的に進められるのです。

三木谷さんや安河内さんは、日本が「国際競争力」をつけるために何としてでもスピーキング力が大事！と言い張っているようですが、ビジネスであろうと科学技術であろうと、圧倒的に大事なのはきちんとした「リテラシー」の力ではないでしょうか。さまざまな国の人たちが、個別言語をこえて共通理解に達するためには「情報を読む」ための能力が一番大事になる。単に陽気に「ハロー」と声を上げるだけの「ハローハロー英語」や、表層的な「ディベートごっこ」では決して身につかない、**私たちの知の土台となる根源的な読解力**。日本の中等教育は世界に類を見ないほどの高いレベルでこの能力を養成してきました。ヨーロッパの国々で、日本のいわゆる「中レベルの教育」（エリート教育とは別の、という意味です）が垂涎の的になっていることはよく知られています。だからこそ、時代遅れの「ぺらぺら幻想」とは早く決別してほしい。そして「ぺらぺら幻想」を振りまくことで、英語市場にバブルを起こそうなどとは考えないでほしい。ＩＴ化が進めば進むほど、私たちには繊細な読解能力が必要となってくるのですから。

元凶は「コミュニケーション」の濫用

こうした「ぺらぺら幻想」と長らく結びついてきたのが、いわゆる「コミュニケーション信奉」です。その支離滅裂ぶりについては第七章でじっくり扱ったので繰り返しませんが、少なくとも「今の日本にはコミュニケーションが欠如している」などという妄言は口にしないでもらえればと思います。ＩＴ化が進みＳＮＳが発達したおかげで、学校社会や大人の社会を覆っているのは今や**過剰なコミュニケーション**なのです。日本的ないじめも、明らかに「村八分的」な、コミュニケーション過多やコミュニケーションの呪縛から来ていると言える。ところが国の政策を導くはずの指導要領執筆者は、相変わらず「善なるコミュニケーション」という看板を立てて、「コミュニケーション」という看板を守ろうとしているのです。

残念ながらオーラル英語主義をかかげる方々には、ときに著しい読み書きについての無関心や無理解の傾向が見られます。だからこそ、この方々はオーラル重視を主張するのか、あるいはオーラルのことばかり言っていると、読み書き能力にも悪影響があるのか、そのあたりはよくわかりません。少なくとも言えるのは、そのために教育現場にはとても悪い影響があるということです。

そこで、最後に興味深い具体例を一つお示ししてまとめにしたいと思います。二〇〇八年の指導要領の改訂に合わせ、『高等学校　新学習指導要領の展開　外国語科編』という本が出ているのをご存じでしょうか。編著者は岡部幸枝さんと松本茂さん。この方々は官僚ではありませんが、文部科学省の英語政策の中心におられます。そういう意味でも本書は、高校の先生方に向けた指導要領の「解説」という色彩が強いようです。

ところでその第一章に、新しい指導要領の改善点についてこんな一節があります。これがとても「リテラシー」の基礎のできている方によって書かれたとは思えない、恐るべき悪文になっているのです。ご覧ください。

これまでは、４技能の指導において偏りがあり、４技能の総合的な指導は必ずしも十分にはなされなかった。そのため、コミュニケーションの中で基本的な語彙や文構造等を活用する力が十分身に付いていないと指摘された。これらの指摘を踏まえて、文法は4技能を総合的に活用できるコミュニケーション能力の基礎であり、コミュニケーションを支えるものであるとしてとらえ、文法指導を言語活動と一体的に行うように改善を求めた。文法をコミュニケーションと切り離して、体系的に説明することのみに終始するような指導ではなく、言語活動の中で理解し、活用できるよう工夫して指導することが必要である。同時に指導すべき語数を充実することによって、コミュニケーションを内容的により豊かなものとすることを求めている。

（一五）

ためしに「コミュニケーション」という語がこの短い一節の中に何回出てくるか、数えてみてください。学生の論文指導の際、私が必ず言うのは「同じ言葉を短いスペースで何度も使うようになったら、思考停止してる証拠だよ。なるべく別の言葉で言い換えるように工夫しましょう」ということです。今引用した一節ではまさにこの「思考停止」が起きています。「文法はやるな」以外、ほとんど何も言っていない。議論がまったく展開しないのです。

ここに如実にあらわれているのは、「コミュニケーション」なる語を恣意的に使い続けた結果、ほとんど何も意味しなくなってしまった、という状況です。抗生物質の使いすぎと同じで、魔法の言葉として何にでもまぜこんでいるうちに、ついに「コミュニケーション」という語が意味や効果を持たなくなってしまった。

私なら——執筆者の意図を汲んだうえで——今の一節を次のように添削します。この方がはるかに意味が通りやすくはないでしょうか？

これまでは、~~4技能の指導において偏りがあり、~~4技能の総合的な指導は必ずしも十分にはなされなかった。そのため、~~コミュニケーションの中で~~基本的な語彙や文構造等を活用する力が十分身に付いていないと指摘された。これらの指摘を踏まえて、文法は4技能を総合的に~~活用できるコミュニケーション能力の基礎であり、コミュニケーションを~~支えるものであると~~して~~とらえ、文法指導を言語活動と一体的に行うように改善を求めた。文法を~~コミュニケーションと切り離して、体系的に説明することのみに終始するような指導ではなく、~~言語活動の中で理解し、活用できるよう工夫して指導することが必要である。同時に指導すべき語数を充実する~~ことによって、コミュニケーションを内容的により豊かなものとする~~ことを求めている。

↓↓　するとこうなる…

これまでは、4技能の総合的な指導は必ずしも十分にはなされなかった。そのため、基本的な語彙や文構造等を活用する力が十分身に付いていないと指摘された。これらの指摘を踏まえて、文法は4技能を総合的に支えるものであるととらえ、文法指導を言語活動と一体的に行うように改善を求めた。文法を言語活動の中で理解し、活用できるよう工夫して指導することが必要である。同時に指導すべき語数を充実することを求めている。

結果的に「コミュニケーション」という語はすべて削除したわけですが、こちらの方がずっと意味がはっきりしているのがおわかりになると思います。おそらく高校の先生方にとっても、こうした書き方の方が役に立つと思います。

この添削結果が示すように、「コミュニケーション」なる語は、少なくとも学習指導要領の中では、**ほとんど意味を持たない無駄な言葉となってしまった**のです。それどころか、この語は英語教育の混乱の元凶となっている。本当はコミュニケーションという概念はとても重要で、知的な奥行きもある語なのに、一部の人たちの縄張り争いの道具に使われてしまったためにすっかり意味が摩耗してしまいました。一刻も早く指導要領のこの混乱を収拾してもらいたいと思います。

しかし、より深刻な問題は、このような悪文だらけの文章を書いてしまう人が、高校の先生に対して指導的な立場にあるということです。「リテラシー＝読み書き能力」について十分な理解のない人が、訳読や文法の重要さを否定してどうして説得力を持ちうるでしょう。

今回の「ネオ4技能主義」は明らかに、時代遅れの「英語ぺらぺら幻想」にとりつかれ、言葉に対する感性の欠けた「鈍感自慢」みたいな方々によって進められてきました。もちろん、その分、こうした方々には他の人にはない朗らかさ、陽気さ、図太さがあるのかもしれません。しかし、日本の戦後の成長を支えてきたのは、朗らかでも陽気でもない、むしろ内気で陰気な人々だったかもしれないということは忘れないでほしい。そうした人々は「英語ぺらぺら」でもないし、ディベートごっこなんかくだらないと思っていても、目立たないところで仕事はきっちりやるし、驚くべき技術力を持っているし、実はすごい読み書き能力も備えていたりするのです。今の日本がほんとうに目指すべきは、こういう日本の宝を生かす道をさぐることではないのでしょうか。

本書は、二〇一七年七月の政策発表に対する私の意見に賛同したひつじ書房の森脇尊志さんにお声がけいただいて執筆したものです。その迅速かつ丁寧な仕事ぶりに感謝するとともに、これまでも英語をめぐるさまざまな問題について良書を刊行されてきたひつじ書房に、あらためて敬意を表明したく思います。

著者

【著者紹介】

阿部公彦（あべ まさひこ）

1966年生まれ。東京大学文学部卒。ケンブリッジ大学で博士号取得。現在、東京大学文学部教授。著書には『英詩のわかり方』（研究社）、『英語文章読本』（研究社）、『小説的思考のススメ』（東京大学出版会）、『詩的思考のめざめ』（東京大学出版会）、『英語的思考を読む』（研究社）、『名作をいじる』（立東舎）など啓蒙書と、専門書としては『モダンの近似値』（松柏社）、『即興文学のつくり方』（松柏社）、『スローモーション考』（南雲堂）、『文学を〈凝視する〉』（岩波書店、サントリー学芸賞受賞）、『善意と悪意の英文学史』（東京大学出版会）、『幼さという戦略』（朝日選書）など。『フランク・オコナー短編集』（岩波文庫）、マラマッド『魔法の樽　他十二編』（岩波文庫）など翻訳もある。小説で1998年に早稲田文学新人賞受賞。
ホームページは <http://abemasahiko.my.coocan.jp/>

史上最悪の英語政策―ウソだらけの「4技能」看板

English Education in Chaos:
Confusion and Dishonesty in Japanese Government Policy

Masahiko Abe

発行	2017年12月25日　初版1刷 2020年4月15日　4刷
定価	1300円＋税
著者	© 阿部公彦
発行者	松本功
装幀	氏デザイン株式会社
印刷・製本所	株式会社 シナノ
発行所	株式会社 ひつじ書房 〒112-0011 東京都文京区千石2-1-2 大和ビル2階 Tel.03-5319-4916 Fax.03-5319-4917 郵便振替 00120-8-142852 toiawase@hituzi.co.jp http://www.hituzi.co.jp/

ISBN978-4-89476-912-0

造本には充分注意しておりますが、落丁・乱丁などがございましたら、小社かお買上げ書店にておとりかえいたします。ご意見、ご感想など、小社までお寄せ下されば幸いです。

刊 行 の ご 案 内

英語教育、迫り来る破綻

大津由紀雄・江利川春雄・斎藤兆史・鳥飼玖美子著　定価 952 円＋税

学校英語教育は何のため？

江利川春雄・斎藤兆史・鳥飼玖美子・大津由紀雄著
対談　内田樹×鳥飼玖美子　定価 1000 円＋税

「グローバル人材育成」の英語教育を問う

斎藤兆史・鳥飼玖美子・大津由紀雄・江利川春雄・野村昌司著
鼎談　養老孟司×鳥飼玖美子×斎藤兆史　定価 1200 円＋税

英語だけの外国語教育は失敗する　複言語主義のすすめ

鳥飼玖美子・大津由紀雄・江利川春雄・斎藤兆史著
座談会　林徹×鳥飼玖美子×大津由紀雄×斎藤兆史　定価 1200 円＋税

これからの英語教育の話をしよう

藤原康弘・仲潔・寺沢拓敬編　定価 1350 円＋税